서정민 교수의

중동 비즈니스 및 여행 길라잡이

서정민 교수의

중동 비즈니스 및 여행 길라잡이

서정민 지음

HU:iNE

에쓰-오일 과학문화재단
S-OIL Science Prodigy and Culture Foundation

책을 내면서

이슬람국가(IS)가 자행하는 테러와 정치적 혼란을 지켜보면서 안타까움을 금할 수 없다. 중동의 정치, 경제, 그리고 이슬람문화를 제대로 인식하고 이를 한국 사회에 최대한 객관적으로 소개하기 위해 오랜 기간을 노력해왔다. 하지만 IS가 저지르는 참수와 화형의 부정적 이미지는 너무나 크게 일반인들에게 각인되어 버린다. 그 동안의 노력이 한 순간에 무너져버리는 것을 느낀다.

'중동은 화약고'라는 공식이 다시 부상하는 상황이다. 그러나 중동은 1970년대부터도 화약고였고, 지금도 그렇고 앞으로도 그 상황이 크게 바뀌지는 않을 것이다. 중동의 불안정성은 상당부분 내재적인 문제점이다. 미진한 '국민국가형성(nation-state building) 때문이다. 대부분 서방이 국경을 획정해 놓은 신생국가라는 점에서 국가 통합과 정체성 수립 그리고 이를 바탕으로 한 경제발전과 민주화 작업이 상당시간 걸릴 수밖에 없다.

그럼에도 불구하고 우리 기업과 정부는 중동 국가들과 진출과 협력을 지속적으로 확대하여 왔다. 불안정 속에서도 우리 기업은 지난 수년간 매년 300억 달러 이상의 건설플랜트 사업을 수주해 왔다. 최근 10여 년간 지속된 고유가로 세계 경제에 있어 중동국가들의 위상이 계속 높아지고 있다. 2014년 말부터 시작된 저유가에도 불구하고 중동은 세계 최대 건설 및 플랜트 발주처의 지위를 유지하고 있다. 오히려 정치적 불안정성을 극복하기 위해 정부의 지출은 늘어나고 있다. 석유에서 얻은 수입의 상당 부분을 사회간접시설 건설, 물가 안정, 일자리 창출 등 정국 안정화와 연관된 부분에 투입하고 있다. 때문에 향후 10년 간 1조 달러 이상의 건설 및 플랜트 사업이 발주될 것으로 예상된다.

석유자본을 바탕으로 한 중동의 투자여력도 세계경제에 긍정적인 시그널이 되고 있다. 현재 중동의 국부펀드는 1조 8,500달러를 상회하고 있다. 국가별 국부펀드 규모에 있어 상위 10개 국가 중 4개가 중동에 위치해 있다. 1,000억 달러 이상의 자본을 운용하고 있는 소위 '수퍼 세븐(Super Seven)' 중 4개가 중동의 국부펀드다. 이들 국부펀드가 개발과 투자에 나서는 큰 손으로 작용하고 있다. 중동 국가들은 자본을 미래의 전략 산업으로 간주하고 있다. 세계 각지의 산업시설은 물론 스포츠 구단에도 투자해 미래 수익원으로 전환하고자 노력하고 있다. 따라서 자본을 바탕으로 한 제2차 중동 붐은 장기간 이어질 것이다.

현재 중동 붐은 '돈 펑펑 쓰는 졸부'와 같았던 7,80년대와는 다르다. 현재 중동 국가들은 미래지향적 성장전략을 추진하고 있다. 석유가 고갈될 미래를 대비해 중장기적 프로젝트들이 진행되고 있다. 과거의 방식에서 탈피해 내부로부터의 변화가 시작되고 있다. 개방을 통해서 세계경제와 소통하려 하는 것이 현재 중동의 경제다. 석유를 추출하는 업스트림(upstream)뿐만 아니라 가공 및 유통인 다운스트림(downstream)에도 적극 참여하고 있다. 사우디아라비아, UAE, 쿠웨이트 등 대부분 걸프 국가들이 석유화학산업에 막대한 투자를 하고 있다. 앞으로도 플랜트 프로젝트가 지속적으로 나올 수밖에 없는 환경이다.

특히 최근에는 석유관련 산업뿐만 아니라 자동차 조립, 금속가공, 포장제 등 제조업 중심형의 산업다각화와 인재 및 두뇌를 유치해 IT산업 등을 발전시키려는 지식집약형 산업다각화에 중점을 두고 있다. 불만의 근원인 실업률을 줄이기 위한 것이다. 걸프 산유국들은 또 원자력을 포함한 신재생에너지, 제조업, 서비스업 등에서 신성장 동력을 찾으려 노력하고 있다. 이를 위해 제도의 정비 및 개정, 공단 및 자유지대 설치, 항만 및 인프라 정비 등의 사업이 확대되고 있다. 세계에서 가장 빠른 인구증가를 보이고 있는 중동 및 이슬람권에서 일자리 창출은 정권의 생존과도 직결되어 있다. 연평균 2%에 달하는 인구증가에도 불구하고 고용 창출을 위한 제조업 등 산업 전반의 발전이 미미한 상황이기 때문이다.

제2차 중동 붐은 과거 제1차 중동 붐과 그 파급효과에 있어서도 크게 다르다. 과거에는 단순히 경제적 분야에 국한된 것이었다. 급격히 늘어나는 오일머니로 중동은 국가건설에 매진했다. 에너지 수입비용을 상쇄하기 위해 우리도 노동력을 제공하는 중동 건설 진출로 대응했다. 그러나 21세기의 제2차 중동 붐은 포괄적이고 다각적이다. 건설 및 플랜트 시장에서도 노동력이 아닌 기술력이 중시되고 있다. 원자력발전소, 담수화시설, 병원 등 기술과 서비스를 동반한 플랜트가 주력 분야가 됐다. 여기에 자동차, 휴대전화 등 제조업 제품이 수출품목의 1,2위를 차지하고 있다. 병원운영 등의 의료, 커피전문점 등 프랜차이즈, 게임 및 콘텐츠 산업 등 서비스 및 소프트웨어 분야의 진출도 확대되고 있다. 여기에 K팝, 드라마 등의 우리 문화가 중동 젊은이들 사이에 확산되고 있다.

중동 지역이 '블루오션' 시장으로 급부상하는 이유가 바로 여기에 있다. 건설 수주와 공산품 수출시장의 한계를 넘어서고 있다. 석유 및 가스자원을 바탕으로 높은 생활수준을 달성한 산유국들은 우리와 모든 분야에서 교류할 대상으로 변신하고 있다. 요거베리, 카페베네 등 한국 브랜드 업체들이 중동 지역 곳곳에서 문을 열고 있다. 2014년에는 서울대병원이 UAE 왕립 셰이크 칼리파병원에서 5년간 1조원 규모 위탁 운영권을 따내기도 했다.

제2차 중동 붐 속 중동은 빠르게 변화하고 있다. 따라서 과거와는 차별화된 접근이 마련되어야 한다. 적극적이면서 효과적인 윈윈전략이 필요한 시점이다. 기술적 그리고 가격적 비교우위를 가지고 있는 플랜트 산업에 대한 수주를 유지해 가면서 제조업을 포함한 다른 분야에서의 협력 방안을 마련해야 한다. 해적의 송환에 왕실전용기를 내준 UAE와의 '전략적 동반자관계'를 다른 나라에도 확대해야 한다. 중동 신세대의 마음을 파고들고 있는 한류를 바탕으로 문화적 그리고 인적교류도 늘려야 한다. 이들 협력의 가교역할을 할 전문 인력 양성도 필수적이다. 전문성을 바탕으로 한 섬세한 진출과 협력이 제2중동 붐에 대처하는 우리의 새로운 코드가 되어야 한다.

이 책은 단순한 중동 비즈니스 및 여행안내서가 아니다. 중동을 이해할 수 있는 시각의 틀을 담았다. 중동의 다양성, 용어의 이해, 이슬람과 정치경제 간의 관계, 유목문화, 석유와 중동경제, 상인정신, 그리고 현재 급변하는 정치경제 상황을 이해하기 쉽게 다뤘다. 그리고 중동에서의 비즈니스 매너 및 유의사항을 설명했다. 마지막으로는 여행을 위한 간단한 현지어 회화와 여행의 필수적인 정보를 표로 정리했다.

이 책의 목적은 중동에 비즈니스 출장 혹은 여행을 떠나는 분들이

상공에서 현지를 제대로 파악할 수 있도록 돕는 것이다. 독자들은 짧은 시간 내에 중동이 현재 왜 이런 상황에 처해 있는지 그리고 중동 사람들이 왜 그렇게 행동하는지를 이해할 수 있을 것이다. 이론적인 책이 아니다. 저자가 학업과 취재를 위해 12년 동안 중동에서 거주하면서, 지난 30년 동안 현지를 연구하면서, 그리고 현재도 매년 10회 이상 중동을 방문하면서 축적된 경험이 녹아있는 글이다. 이 작은 책이 블루오션으로 향하는 우리의 비즈니스맨과 여행자들에게 중동을 제대로 이해하는데 조금이라도 기여하길 바란다.

이 책이 나오기까지 아낌없는 지원을 제공한 에쓰-오일과학문화재단(S-Oil Science Prodigy and Culture Foundation)에 깊은 감사를 표한다. 특히 나시르 알-마하셔(Nasser al-Mahasher) 에쓰오일 대표이사와 오명 과학문화재단 이사장을 포함한 이사회의 따스한 격려로 책의 집필에 힘을 얻을 수 있었다. 재단의 김광남 사무국장과 강영옥 차장의 배려와 도움은 이 책의 출판에 큰 도움이 되었다. 마지막으로 아랍어, 페르시아어, 히브리어, 그리고 터키어 상황별 회화 작성 및 번역에 도움을 준 한국외국어대학교 국제지역대학원 학생들과 책의 편집과 자료 수집에 큰 힘이 되어 준 김강석 박사와 박사과정 김병호와 김은지 학생에게 감사드린다.

2015년 5월

이문동에서

서 정 민

차례

PART 01 중동 정치경제사회의 이해 _ 13

PART 02 소통과 매너 _ 155

PART 03 여행 정보와 상황별 회화 _ 183

PART 01

중동 정치경제사회의 이해

01 중동은 단일체인가?

1. 중동의 다양성

중동은 다양한 민족과 종교가 공존하고 변화무쌍한 사상과 시각이 교차하는, 때로는 충돌하는, 역동적인 지역이다. 변화의 물결이 일고 있는 최근에는 다양성이 더욱 커지고 있는 격동의 무대다. 중동하면 사람들은 폭력적인 것을 우선 언급한다. 테러리스트로 불리는 이슬람주의자가 중동인을 상징하기도 한다. 덥수룩한 턱수염에 무서운 인상이 떠올려지기도 한다. 답답한 터번과 히잡(이슬람식 여성 머리두건)을 쓰고 단체로 엎드려 예배드리는 사람들의 모습이 각종 매체를 통해 끊임없이 우리의 뇌리에 신호를 보낸다. 그러나 엄격한 종교로 알려진 이슬람과 테러리즘이 중동을 전반적으로 상징할 수 없다. 사우디아라비아에서는 예배시간에 상점과 식당 문을 닫지만, 대부분 다른 아랍 국가들에서는 예배시간에 영업을 하고 모스크로 가지 않는

관광객 앞에선 야한 복장의 이집트 밸리댄서

사람이 부지기수다.

화약고의 상징성에 이어 잘 알려진 또 다른 이미지에는 석유와 오일 머니다. 특히 최근 고유가 시대가 수년간 지속되면서 중동의 석유 그리고 유가에 영향을 주는 정치상황이 우리의 삶과 무관하지 않게 됐다. 원유 수출로 벌어들인 막대한 부로 사치를 누리는 아라비아 왕자들의 거만한 태도도 종종 기사거리가 되곤 한다. 그러나 석유 등 천연자원으로 잘 사는 나라는 전체 중동국가 중 1/3도 되지 않는다. 혜택을 받은 산유국과 그렇지 않은 비산유국 간의 생활수준은 상당히 크다.

우리의 뇌리에 저장된 또 하나의 이미지는 낭만적인 금빛 모래로 이뤄진 사막이다. 풀 한 포기 없는 황량한 모래 언덕에 석양의 긴 그림자를 드리우며 낙타를 타고 가는 유목민의 모습이다. 수통의 물 한 방울을 확인하고 갈증에 마른 입술을 비벼보며 야자수 무성한 오아시스로 향하는 베두인과 서방의 여행객이 생각난다. '아라비아 로렌스' 등 중동을 배경으로 하는 영화에 자주 나오는 장면이다. 그러나 중동은 강렬한 태양아래 끝없는 사막만이 존재하는 지역이 아니다. 인류 최고(最古)의 도시문명인 메소포타미아문명, 최고(最古)의 중앙집권국가문명인 이집트의 파라오문명 모두 강유역의 농경 정착문명이다. 더불어 기후에 있어서도 지역 별로 차

다양한 색상의 히잡을 쓴 이집트 여대생들

이가 난다. 건조한 사막기후가 주를 이루지만 이란, 레바논, 시리아, 요르단, 이라크, 터키 등에는 겨울에 눈이 많이 내린다. 레바논, 모로코, 알제리, 이란 등지에서는 매년 겨울에 스키장이 문을 연다. 사우디아라비아에서도 겨울에 동사하는 사고가 발생하곤 한다. 그리고 대부분 대도시의 주요 건물은 냉방이 지나치게 강해 감기가 걸릴 정도다.

이 같은 다양성은 여러 부분에 등장한다. 여성의 복장에서도 크게 다르다. 눈만 내놓고 온몸을 검은 천으로 가린 복장은 일부 국가에서만 나타난다. 우선 검은 천으로 눈을 제외한 모든 얼굴을 가리는 머리 두건은 니깝(Niqab)이다. 사우디아라비아, 예멘, 오만, 쿠웨이트, 이라크, 리비아 등 일부 보수적인 국가에서 볼 수 있다. 하지만 사우디아라비아를 제외하고는 이들 나라에서도 최근 얼굴을 내놓는 두건을

모로코 해변에서…
기도를 빼놓지 않는 남자

뮤직 페스티벌에서 만난
레바논 대학생

많이 볼 수 있다. 얼굴을 보여주고 머리와 목을 가리는 두건은 히잡(Hijab)이라 불린다. 어느 정도는 개방된 국가에서 이슬람의 정체성을 보여주는 여성 두건 형태다. 위의 보수적인 나라를 제외하고는 대부분 아랍 국가에서 쉽게 볼 수 있는 모습이다. 여기에 최근에는 머리와 얼굴에 아무런 두건을 하지 않는 여성들이 급증하고 있다. 주로 북아프리카의 아랍 국가들과 레바논, 시리아, 요르단 등 개방적인 분위기를 가진 곳에서 흔히 볼 수 있다.

중동이 이처럼 폭력, 석유, 사막 등의 획일적인 이미지로 비춰지는 이유는 무지, 무관심, 그리고 몰이해로 설명될 수 있다. 구체적인 내용과 현실을 잘 파악하지 못하고 겉모습 그리고 지나치게 일반화한 이미지를 기억하고 있기 때문이다. 예를 들어 지부티가 어디에 있는 나라인지도 모르면서, 그 나라의 문화나 정치 및 경제를 중동의 일반화된 이미지 거울에 비춰보는 것은 바람직하지 않다. 그동안 우리 학계 그리고 언론은 주로 전쟁과 분쟁, 정부와 기업은 석유를 중심으로 한 경제적인 이해에 집중해 왔다. 특히 언론이 중동에 대한 정보를 게재하고 전파하는 가장 큰 역할을 담당하고 있어 단편적인 이미지가 확산하고 있다. 몇 초의 동영상과 원고지 5매 전후의 기사에 중동의 다양성을 담을 수가 없기 때문이다. 더불어 서구식 교육과 서구로부터의 정보 수집도 우리에게 중동에 대한 일부 왜곡된 의식을 심어 주었다. 70년대 초등학교 교과서에는 이스라엘의 집단 농장인 키부츠에 대한 글이 실렸었다. 군대를 다녀온 남성이라면 아랍 군대를 초토화시킨 이스라엘의 군사적 전략과 정신력에 대해 여러 경로로 교육을 받는다. 하지만 이 과정에서 이스라엘이 팔레스타인을 불법점령하고 있다거나 국제법을 위반하면서 점령지 주민을 억압하고 있다는 사실은 반영되지 않았다. 특히 완충지대로 팔레스타인을 불법점령하고 있는 이스라엘은 아랍과 이슬람 세계의 '야만적 위협'을 끊임없이 강조해왔다.

중동과 이슬람 지역이 단일체(monolithic)로 묘사되어서는 안 된다. 아랍국가의 경우 아랍어와 이슬람 종교라는 공통분모가 존재하기는 나라마다 상당한 차이점을 가지

이집트 밸리댄서 누르

카이로 기독교 지역에 위치한 교회

고 있다. 지나친 일반화는 중동을 바라볼 경우 국가별 진출을 해야 하는 기업으로서는 상당한 오류를 범할 수 있다. 중동은 다양성이 존재하는 지역이다. 과거처럼 '대중동 진출전략' 등의 제목으로 연구나 시장진출 전략을 모색해서는 안 된다. 21세기에는 국가별 진출 전략을 수립해야 효과적이고 성공적인 비즈니스를 할 수 있다.

2. 극과 극인 경우: 이집트와 사우디아라비아 비교

다양성을 넘어 국가 간 극과 극인 경우도 많다. 전반적으로 언급하면 중동에는 국가 별로 현저히 다른 정치체제, 경제구조, 개방정도 등이 나타난다. 생김새에서도 상당한 차이가 나타난다. 수단의 경우 거의 흑인에 가까운 인종이지만 시리아, 레바논, 이라크 등에는 머리도 금발이고 생김새도 서양인과 같은 사람들이 많다. 걸프의 산유국은 모두 왕정국가이지만 아랍국가의 절반 정도는 공화제다. 산유국은 석유에 의존하는 경제이지만 나머지 중동 국가는 농업, 관광 등이 국가의 주 수입원이다. 두바이는 자본주의보다 더 자본주의적인 개방의 길을 걷고 있지만 리비아는 2005년에서야 서방과 화해의 길에 들어섰다가 2011년 아랍의 봄으로 정권이 교체되었다. 이런 다양성에 대한 실례로서 이집트와 사우디아라비아를 비교해 보겠다. 두 나라 모두 아랍, 중동, 그리고 이슬람국가다. 이집트는 아랍의 최대 정치 및 문화대국이고, 사우디아라비아는 아랍의 최대 경제 및 산유국으로서 대표적인 중심 국가들이다.

가. 사우디아라비아

(1) 정치제도

사우디아라비아의 정치시스템은 세습절대군주제다. 왕정시스템이라고도 불린다. 사우디아라비아의 지배세력은 알 사우드(Al Saud) 가문으로 이 가문 이름이 나라이름이 된 경우다. 즉, 유목 문화의 전통적인 지배가문 세습 제도다. 1932년 압둘 아지즈 이븐 사우드가 나즈드(Najd) 및 히자즈(Hijaz)를 통합해 사우디아라비아 왕국의 건국을 선포했다. 1953년 압둘 아지즈의 사망 이후 그 유언에 따라 왕위를 형제 간 계승하고 있다. 1982년 즉위한 제 5대 파흐드(Fahd) 국왕이 2005년 8월 서거 이후 그의 이복동생인 압둘라(Abdullah) 왕세제

사우디아라비아 왕정의 시작을 알리는 홍보용 그림

가 제 6대 왕으로 즉위해 2015년 초까지 집권했다. 압둘라 국왕이후 이복동생 살만(Salman)이 즉위했다. 사우디아라비아 국왕은 총리직을 겸하면서 입법, 사법, 행정권도 실질적으로 행사한다. 국왕이 왕세제직을 임명하거나 박탈할 수 있으며, 왕세제직은 종교 지도자회의(Ulama)와 왕족으로 구성된 왕실위원회 및 충성위원회(Allegiance Committee)의 승인으로 확정된다. 국방, 외교, 내무 등 주요 장관직도 알 사우드 가문이 차지하고 있다. 왕족이라는 점에서 극심한 부정부패 또는 실정을 하지 않는 한 거의 교체되지 않는다. 국왕은 또 종교 수장을 겸직한다. 따라서 1986년부터 국왕의 호칭에는 메카와 메디나를 의미하는 '두 성지의 수호자(Custodian of the Two Holy Places)'가 사용되고 있다. 이슬람을 국가 이념으로 이용해 단결과 결속을 이루려는 목적이다.

(2) 경제구조

사우디아라비아 경제의 특징은 한 마디로 '석유 의존형'이다. 석유와 가스가 주를 이루는 광업이 전체 GDP의 약 47%를 차지한다. 제조업 비중은 10% 정도이다. 이마저도 상당부분 석유화학산업에 의존하고 있다. 서비스 부문에 있어서도 원유 수송 및 유통 등 석유관련 부분이 가장 강하다고 할 수 있다. 이를 종합해 보면 사우디아라비아 전체 GDP에서 석유 및 가스 그리고 유관 분야가 차지하는 비중은 약 60% 전후가 된다. 즉, 석유가 없으면 무너지는 나라다. 전체 경제가 유가에 크게 영향을 받을 수밖에 없다. 70년대 오일 쇼크로 벌어들인 오일 달러를 비효율적인 집행으로 소모한 이후 80년대 중반부터

사우디아라비아 수도 리야드의 야경, 최근 고층 건물이 계속 들어서고 있다.

90년대 말까지 저유가 시대를 맞이하면서 사우디아라비아는 극심한 재정적자에 빠지기도 했다. 때문에 최근 저유가가 이어지면서 사우디아라비아 정부는 유가하락 및 석유 고갈 대비 미래 성장기반에 대한 투자에 집중하고 있다. 산업다변화(diversification) 정책이 90년대 이후 사우디아라비아 정부의 기조라고 할 수 있다. 산업다변화 정책은 또 사회간접자본 투자를 통해 미래 성장 동력을 확보하기 위한 '생존전략'이라고 볼 수도 있다.

(3) 사회 및 개방정도

사우디아라비아는 아랍에서도 가장 보수적인 나라다. 여성에게 운전조차 허용하지 않고 있다. 이슬람과 유목민의 가부장적 권위주의와 이슬람 때문이다. 특히 이슬람을 정치적으로 이용하면서 이슬람

사우디아라비아 국경에 설치된 여성 전용 여권 심사장

법을 이용하여 사회통제를 하고 있다. 여성들은 또 외출 시 아바야라는 검은색 천으로 된 옷에 니깝을 착용해야 한다. 외국인 여성의 경우도 머리카락을 가리는 검은 천을 써야 한다. 다만 압둘라 국왕은 민생과 사우디아라비아인의 고용 확대(Saudization)를 위해 여성의 사회참여를 장려하는 등 점진적인 개혁을 추진했었으나, 보수 종교집단의 반발을 우려해 포괄적이고 전격적인 조치를 취하지는 못했었다.

나. 이집트

(1) 정치제도

이집트의 정치제도는 공화정이다. 우리와 비슷하다. 민주화 정도는 우리보다 낮지만 국민에 의해 대통령과 의회 구성원이 선출된다.

3권 분립도 명확히 되어 있다. 사실 우리 보다 훨씬 먼저인 20세기 초 의회 선거를 치렀다. 2011년 대규모 시위로 후스니 무바라크 정권이 무너진 이후 자유롭고 공정한 선거를 통해 무슬림형제단의 지도자 무함마드 무르시가 대통령에 선출되었고, 의회도 과거 실질적 야권세력이었던 무슬림형제단이 장악했었다. 행정법원의 판결로 현재 상원과 하원이 모두 해산되고, 정치적으로 내홍을 겪고 있는 상황이지만 무바라크 군사독재 정권 당시 보다는 여러 모로 상황이 개선되고 있다.

이집트 경찰과 대형 대통령 포스터

(2) 경제구조

이집트의 경제구조는 서비스 산업 주도형이다. 2012/13년 회계연도 기준 전체 GDP에서 서비스업의 비중이 51.2%, 제조업 및 농업의 비중이 각각 32.4%, 16.4%를 기록하고 있다. 농업은 GDP 비중은 낮으나 가장 많은 인력을 고용하고 있다. 서비스업에서 가장 중요한 분야는 단연 관광산업이다. 이집트의 최대 외화소득원으로서 국민소득 및 정부재정에 막대한 영향을 미치고

이집트 카이로 쇼핑몰 시티스타

중동 최대 해변휴양지 이집트 샤름 엘셰이크 야경

있다. 연평균 대략 1,500만 명 이상의 관광객이 방문하고, 이를 통해 이집트는 연평균 120억 달러 이상의 외화를 벌어들인다. 2011년 1월 발발한 혁명으로 관광산업이 가장 큰 타격을 입었다. 혁명 초기 관광객 수는 전년대비 최대 70%까지 감소했다. 계속되는 정치적 불안정으로 인해 민주화 혁명 이전의 수치로 회복하기는 어려울 것으로 보인다.

(3) 사회 및 개방정도

이집트는 비교적 개방적인 국가다. 지방에 보수적인 지역도 존재하지만 대도시에서는 상당히 개방적인 성향이 강하다. 1970년대 이후 경제상황이 악화하면서 이슬람화, 보수화하는 경향이 강해지는 분위기이지만, 1960년대 제작된 흑백 드라마에는 미니스커트를 입은 금발의 여성들이 자주 등장한다. 피라미드로 향하는 거리에는 술집도 즐비했다. 이집트에서는 여성의 사회활동에 큰 제약이 없다. 오히려 1960년대부터 추진된 정부의 사회주의 정책에 의거해 여성의 사회활동이 적극 장려되었다. 따라서 이집트의 여성 공무원 수는 약 150만에 달해 한국의 여성 공무원 수보다도 훨씬 많다. TV에 등장하는 여성 MC의 복장은 우리보다 더 파격적이고 노출이 심한 경우도 많다. 남편이 실업 상태에 있는 일부 가정에서는 매 맞고 사는 남성의 수가 계속 급증하고 있다는 언론 보도도 종종 나오고 있다.

코이카 단원으로부터 컴퓨터를 배우는 이집트 여성들

다. 사우디아라비아와 이집트 비교 결과

사우디아라비아와 이집트 간 동질적인 부분도 있다. 아랍 문화의 가장 대표적인 요소인 아랍어를 사용하고 인구의 절대다수가 이슬람 종교를 믿고 있다는 점이다. 그러나 사우디아라비아와 이집트 간의 차이점은 한국과 필리핀의 차이점보다 더 크다고 할 수도 있다. 최소한 필리핀은 우리와 유사한 공화정 정치제도를 가지고 있다. 반면 사우디아라비아의 왕정과 이집트의 공화정은 누가 보더라도 크게 다르다. 유럽의 근대역사는 100년 이상 군주제에서 공화정으로 바꾸기 위한 투쟁의 역사로 점철되어 있다.

경제에 있어서도 두 나라는 큰 차이를 보인다. 사우디아라비아는 석유에 의존한 경제구조를 가지고 있지만, 이집트는 관광업을 중심으로 한 서비스업이 최대 산업이다. 1인당 GDP도 사우디아라비아는 2012년 기준 약 22,000 달러인 반면 이집트는 3,000 달러 정도로 큰 격차가 있다. 인구면에서도 이집트는 9,000만에 이르고 있지만 사우디아라비아는 1/3 수준이다. 국가의 재정능력, 투자여력 등 여러 부분에서 차이점이 발견된다. 이집트의 인구만 보고 시장 진출을 결정한다면 긍정적인 결과도출이 쉽지 않다. 인구가 훨씬 적은 사우디아라비아의 구매력이 이집트에 비해 훨씬 크다고 할 수 있다.

개방정도, 문화 등에 있어서도 많은 차이가 있다. 이집트의 개방적인 분위기 때문에 상당히 많은 사우디아라비아 사람들이 이집트에 관광을 가서 음주 및 기타 유흥을 즐긴다. 이집트에는 콥틱(Coptic) 기독교인도 약 1,000만 명 이상 살고 있어, 다문화적인 분위기도 느낄 수 있다. 이처럼 상당한 차이점이 있음에도 불구하고 '중동 진출 전략'이라는 한 바구니에 두 나라를 함께 집어넣는다는 것은 적절치 않은 접근법이다.

3. 아랍, 중동, 이슬람권

중동에서는 돼지고기를 먹지 않는다. 특히 무슬림들은 더욱 그렇다. 이런 생활이 아랍전통, 중동전통, 혹은 이슬람전통 중 어디에 기원을 두고 있을까? 많은 사람들이 이를 이슬람 전통이라고 생각한다. 이슬람 문화라고 하면 맞다. 현재 이슬람권에서 그렇게 하고 있기 때문이다. 그러나 이슬람 전통이라고 하기에는 적절치 않다. 이슬람 종교가 시작한 율법이나 관행이 아니기 때문이다. 이슬람 이전에도 중동 지역의 유목민들은 돼지고기를 먹지 않았다. 이슬람보다 2,000년 이전에 등장한 유대교도 돼지고기의 섭취를 금하고 있다. 즉, 돼지고기를 먹지 않는 것은 이슬람 전통이라기보다는 중동의 전통이라고 보는 것이 타당하다. 중동의 환경 및 기후 때문에 돼지고기를 먹지 못하거나 금하게 된 것이다. 한 여름에 체감온도가 아닌 수은주 온도가 50도를 넘어가는 곳이 많다. 냉장고도 없던 시절에 이런 기후에서 돼지고기를 섭취하는 것은 보건 상 많은 문제를 야기했을 것이다. 때문에 공동체의 보건과 복리를 위해 종교적으로도 규정해 놓은 것이다. 사막의 유목 환경도 돼지고기 금지의 배경이 되었다. 유목민들은 대부분 농사를 짓지 않는다. 즉 자신들이 먹을 식량도 부족하다. 인간이 음식을 주어야 하는 돼지를 키우는 것은 쉽지 않다. 또 계속 이동해야 하는 상황에서 돼지를 몰고 다니기도 불가능하다. 따라서 이슬람 이전에도 중동에서는 돼지를 키우기가 사실상 불가능했다.

이처럼 우리가 잘 아는 부분에도 용어의 혼란이 있다. 용어의 혼선은 단순히 인식에만 영향을 주는 것이 아니다. 실제 비즈니스에도 악영향을 줄 수 있다. 잘못된 용어의 선택은 상당히 부정적인 인식을 현지인들에게 안겨 줄 수 있다. 이미지를 망치고 협상을 하게 될 수도 있다는 것이다. 예를 들어보자. 아랍과 이스라엘은 앙숙관계에 있다. 이스라엘 바이어에게 아랍이라는 용어를 자주 쓰게 되면 불만을 표시할 것이다. '중동은 왜 폭력적이고 이상한가?'라는 질문을 던지면 더 화를 낼 것이다. 중동이라는 용어에는 이스라엘도 포함되기 때문이다. 이런 질문을 혹시나 하게 된다면 아랍 혹은 이슬람권이라는 용어를 써야 한다. 이란과 아랍도 역사적으로 수천 년 동안 경쟁 혹은 라이벌관계에 있다. 최근에는 시아파와 수니파 갈등으로도 이어지고 있다. 이란 바이어에게 '아랍의 경제상황이 어떤가?'라는 식의 질문을 던지면 아마 짐을 싸들고 가버릴 것이다. 터키도 아랍 국가가 아니다. 반면 유럽연합의 일원이 되고자 하고 있고, 과거에는 중동의 일부였다. 지역을 가리키는 용어의 정확한 사용은 비즈니스의 가장 기본적인 요건이다. 때문에 이 지역을 언급하는데 사용되는 3가지 용어 아랍, 중동, 그리고 이슬람권에 대해 설명해 보겠다.

가. 아랍의 개념

아랍 지도

아랍은 민족적 개념이다. 아랍 민족을 의미한다. 그런데 여기서 주의할 점이 있다. 혈연을 바탕으로 하는 민족적 개념이 아니다. 언어·문화적 정체성을 기반으로 하는 민족적 개념이다. 주로 아랍어를 사용하고 아랍 문화를 공유하고 있다는 '믿음' 혹은 '소속감'을 가진 사람들이다. 혈연이 아니라는 이유는 아랍 국가들 중에 완전히 다른 인종들이 존재한다는 것이다. 수단, 이집트, 남부, 지부티, 소말리아 등 아랍 국가들에는 주로 아프리카계 흑인들이 거주한다. 북부아프리카 국가들에는 베르베르족이 상당수 살고 있다. 레바논, 이라크, 시리아 등에는 거의 백인에 가까인 사람들이 많다. 아라비아반도에는 인도 등 아시아 국가들과의 혼혈 인종들이 발견된다. 터키인, 이스라엘인, 그리고 이란인들도 상당히 아랍인들과 유사한 외형을 가지는 경우가 많지만 이들 나라 사람들은 아랍인이 아니다. 즉, 인종이나 혈연 그리고 생김새로 아랍인을 구분하는 것은 정확하지 않을 수도 있다.

따라서 가장 쉽게 아랍 국가를 구분하는 방법은 언어다. 아랍어가 공식어로 사용되는 나라는 아랍국가다. 아라비아반도, 이라크에서 레바논까지의 북부아라비아, 북아프리카, 동아프리카 해안지역 국가들을 포함한다. 아랍세계에 속하는 국가들은 아랍 연맹(1945년 결성)에 속해 있는 22개 국가들이다. 모두 아랍어가 사용되는 국가들이다. 시리아, 레바논, 요르단, 이라크, 사우디아라비아, 쿠웨이트, 바레인, 카타르, 아랍에미리트, 오만, 예멘(남북예멘 1991년 통합), 이집트, 수단, 지부티, 소말리아, 리비아, 튀니지, 알제리, 모로코, 모리타니아, 그리고 코모로다. 여기에 팔레스타인 자치정부도 국제사회에서는 정식국가가 아니지만 아랍연맹에서는 회원국으로 인정되고 있다. 따라서 터키어를 사용하는 터키, 페르시아어를 사용하는 이란, 히브리어를 사용하는 이스라엘은 아랍에 포함될 수 없다.

주의할 점은 아랍이라는 개념은 종교와 큰 관계가 없다는 것이다. 일부 사람들은 아랍을 언급하면서 이슬람을 연계시키나 적절치 않다. 아랍 국가들 내에는 이슬람을 믿지 않은 사람들도 상당히 많다. 이집트의 콥틱 기독교, 레바논의 마로나이트 기독교, 다양한 기독교 정교회, 동부아프리카 아랍국가 내 샤머니즘 등도 존재한다. 더불어 각 아랍 국가 내에도 소수민족이 거주하고 있다. 북부아프리카 국가들의 베르베르족, 이라크와 시리아의 쿠르드족 등 2-3,000만 명에 달하는 소수민족들도 존재한다.

아랍의 개념은 정치적 의미도 담고 있다. 십자군 전쟁 당시 유럽의 정치적 그리고 종교적 적대세력으로의 아랍이 있었다. 19세기부터 유럽이 아랍 지역을 식민지화하면서 점령과 착취의 대상으로서 아랍이 존재했다. 1945년 아랍연맹이 결성되면서 아랍 국가들은 서방에 대한 자신들의 정치적 정체성을 부각시켜왔다. 1948년 이스라엘이 건국한 이후 팔레스타인의 생존권을 위해 공동투쟁을 펼치는데 있어서도 아랍은 민족적 그리고 정치적 의미를 더욱 강화했다. 1952년 쿠데타를 일으켜 이집트에서 왕정을 종식하고 공화정을 수립한 가말 압둔 나세르 대통령은 1960년대와 70년대 아랍민족주의를 내세우며 서방의 착취에 맞서는 아랍 국가들의 대동단결을 촉구했다. 21세기 9.11테러 이후 미국이 주도한 테러와의 전쟁 그리고 이라크 전쟁과 점령에 대응하는 정치적 정체성으로도 아랍의 개념은 유용했다. 이처럼 서방과 대결 구도 하에 있는 상황에서 아랍이라는 용어는 아랍인들의 구심점 역할을 하고 있다.

나. 중동의 개념

중동은 지리적 혹은 지정학적 개념이다. 서방이 만들어 낸 용어다. 즉, 유럽중심주의적 시각이 담긴 개념이다. 중동이라는 용어는 영국의 동인도 회사가 1850년대에 최초로 사용한 바 있다. 그 후 1902년

미 해군 제독 알프레드 마한(Alfred Mahan)이 페르시아만 주변 지역을 처음으로 중동이라 칭했으며, 1930년대 후반 영국 정부가 중동 사령부를 설립하면서 중동이라는 용어가 공식화되었고, 후에 이 중동사령부가 이집트로 이전되면서 이집트도 중동에 포함되었다. 미국에서도 1940년대 중동연구소가 설립되면서 중동이라는 용어를 공식적으로 널리 사용하기 시작했다.

중동 지도

이 외에도 중동 지역을 언급한 다양한 용어들이 있었다. 동양(East), 근동(Near East), 오리엔트(Orient), 레반트(Levant) 등이다. 레반트는 13세기 유럽의 일부 상인들이 지중해 동부 지역을 칭하는 용어였다. 동양은 서유럽이 17세기에 오스만터키 제국을 언급할 때 사용했다. 이후 19세기 영국을 중심으로 하는 서유럽 국가들이 인도를 식민지화하면서 오스만터키제국은 근동으로 불렸다. 이들 용어는 현재까지도 종종 사용되고 있다. 그러나 '중동'이 현재의 아라비아반도와 이란, 이라크, 시리아, 레바논, 팔레스타인, 요르단, 이집트 그리고 이스라엘을 언급할 때 가장 많이 사용되는 개념이다. 한국에서도 언론과 서적에 중동이 가장 자주 등장한다.

그러나 중동의 개념은 현재까지도 상당한 논란의 대상이다. 학계에서도 이 개념에 대한 일치된 의견이 없다. 어쨌든 가장 많이 쓰이는 중동의 개념은 '협의의 중동'이다. 현재의 아라비아반도와 이란, 이라크, 시리아, 레바논, 팔레스타인, 요르단, 이집트 그리고 이스라엘만 이 이 개념에 포함된다. 과거와는 달리 터키는 터키 정부와 국민의 유럽연합 가입 의지가 있어 때로는 중동에 포함되지 않고 있다. 대부분 학자들이 이러한 좁은 의미의 중동 개념에 대해서는 큰 이견을 보이지 않는다. 하지만 '광의의 중동' 개념에는 학자들 간 이견이 존재한다. 일부 학자들은 북아프리카의 모로코, 모리타니아, 알제리, 리비아, 튀니지 그리고 수단을 중동의 개념에 포함시키곤 한다. 또 다른 학자들은 아프가니스탄도 중동에 포함시키거나 중앙아시아 일부 국가도 추가하기도 한다. 2003년 이라크 전쟁 이후 미국의 조지 부시 대통령은 중동민주화구상(Greater Middle East Initiative)을 언급하면서 현재의 아랍국가와 아프가니스탄 그리고 중앙아시아의 이슬람국가도 그 범위에 포함시켰다.

그러나 더욱 논란이 되는 것은 중동의 개념이 가진 유럽중심주의 시각이다. 중요한 점은 아랍인들이 중동이라는 용어를 좋아하지 않는다는 점이다. 서방과 아랍의 불편한 관계를 고려해 볼 때 유럽중심주의적 시각이 담긴 개념을 불편해 하는 것은 어쩌면 당연한 것이다. 때문에 일부 학자들은 이 지역을 서남아시아(Southwest Asia)로 칭하기도 한다. 중동의 개념에 대한 아랍인들의 불편함은 중동이라는 용어가 이스라엘이 퍼뜨린 담론이라는 시각에 의한 것이다. 일부 아랍인들은 유럽과 미국이 정착시킨 중동의 개념을 유대인들이 널리 확산시켰다고 믿는다. 나름대로 근거는 있다. 1948년 팔레스타인 땅에 이스라엘을 건국한 유대인들에게는 이 지역이 아랍이라고 불려서는 안 됐다. 아랍이라는 용어가 확산될 경우 '아랍'이 아닌 이스라엘은 이

지역에 속하지 않는 이물질 같은 인상을 주게 된다. 상당히 심각한 심리적 안보위협을 가지고 살아갈 수밖에 없다. 그러나 지리적 개념인 중동이 널리 사용되게 될 경우 이스라엘도 자연스럽게 이 지역에 포함된다. 이스라엘과 유대인들은 언론, 학계, 그리고 재계를 장악하고 있어서 이런 담론의 확산이 가능했다는 것이다.

물론 아랍권에서도 중동이라는 용어가 자주 사용된다. 아랍의 중심국가인 사우디아라비아가 지원하는 중동의 범아랍 일간 '알-샤르크 알-아우사트'의 뜻은 중동이다. 그러나 적지 않은 지식인들과 언론인들은 중동이라는 용어에 상당히 반감을 표시한다. 중동의 특파원으로 생활하는 동안 한국의 학계와 정부관이 가진 행사에서 '중동'이라는 단어가 담긴 플래카드나 팸플릿이 있으면 이를 지적하는 사람들을 자주 만났다. 한국에서도 2008년 출범한 '한국-아랍소사이어티'도 창설을 논의할 당시에는 한-중동 소사이어티라는 명칭을 가지고 있었다. 그러나 국내 아랍 공관의 강력한 건의로 중동이 빠지고 아랍이라는 단어가 들어갔다. 결론적으로 터키, 이란, 그리고 이스라엘을 포함하지 않은 국가들 혹은 개별 아랍국가와 비즈니스를 수행할 때 가급적 중동이라는 단어는 사용하지 않은 것이 바람직하다. 중동 대신에 아랍이라는 용어나 아랍세계(the Arab World)라는 단어를 사용하는 것이 아랍인들에게는 호감을 줄 수 있다. 서신을 교환할 때, 행사용 자료를 만들 때, 혹은 플래카드를 걸 때 중동보다는 아랍이라는 용어가 더 적절하다.

다. 이슬람권의 개념

이슬람권 지도

이슬람권 혹은 이슬람세계는 종교적 개념이다. 이슬람을 국교로 정한 나라와 무슬림이 다수를 차지하고 있는 모든 나라의 집합을 의미한다. 이슬람회의기구(Organization of Islamic Conference: OIC) 소속 57개 국가들이다. 이슬람 세계는 이스라엘을 제외한 중동 및 모든 아랍국가들 중심으로 동남아 지역, 중앙아시아, 동유럽 일부 그리고 아프리카 지역에 분포되어 있다. 보다 구체적으로 언급하면 아랍 22개국과 아프가니스탄, 아제르바이잔, 방글라데시, 베냉, 부르나이, 부르키나파소, 카메룬, 차드, 에리트레아, 가봉, 잠비아, 기니비사우, 기니, 인도네시아, 카자흐스탄, 키르기스스탄, 말레이시아, 몰디브, 말리, 나이지리아, 파키스탄, 세네갈, 시에라리온, 이란, 타지키스탄, 터키, 투르크메니스탄, 우간다, 우즈베키스탄, 알바니아, 코소보, 보스니아 헤르체코비나 등이 포함된다. 이들 국가들은 경제적으로 일부 산유국을 제외하고 대부분 경제적 어려움에 처해 있으며, 정치적으로도 권위주의 혹은 독재에 시달리는 경우가 많다. 이 외에도 중국, 러시아 남부, 인도 서부, 필리핀 남부 등에서 적지 않은 무슬림들이 거주하고 있다.

그런데 이슬람권의 개념은 향후 더욱 많이 쓰일 것으로 예상된다.

이슬람은 이미 세계 최대 종교가 되었기 때문이다. 위키피디아에 따르면 2011년 기준 무슬림의 수는 16억이다. 전 세계 사람들 중 4명 중 1명은 무슬림이라는 얘기다. 불과 10년 전만해도 이슬람이 세계 최대 종교라는 주장이 나올 수 없었다. 왜 그럴까? 여러 가지 이유가 있겠지만 가장 중요한 배경은 인구폭증이다. 사우디아라비아, 이집트 등 이슬람국가의 인구가 급증했다. 예를 들어 이집트의 경우 1980-90년대의 인구가 약 6,000만 명이었지만 현재 9,000만에 이른다. 사우디아라비아에서도 이제 빈곤자들이 발생하고 있다. 1인당 GDP도 우리와 비슷한 25,000달러 전후다. 과거 돈을 흥청망청 쓰던 시대는 1980년대 초반까지다. 인구가 1,000만에 미치지 않던 시점이다. 그러나 현재 사우디아라비아의 인구는 거의 3,000만에 달한다. 인구가 폭증하다보니 정부가 제공하는 복지혜택이 상대적으로 감소할 수밖에 없다. 사우디아라비아에서 테러가 발생하기 시작한 것도 1980년 중반부터다. 빠르게 근대화하는 상황에서 중동 및 이슬람의 전통이 작용했기 때문이다. 이슬람에서는 낙태가 절대 불가하다. 태아는 알라의 창조물이라는 점에서 인간이 손댈 수 없다는 것이다. 원래는 피임도 불가했다. 그러나 인구가 지나치게 폭증하면서 정부가 이슬람 지도자들을 설득해 현재는 대부분 국가에서 피임을 허용하고 있다.

그러나 이러한 인구폭증이 이슬람의 타 지역 전파를 설명할 수는 없다. 특히 아프리카에서는 이슬람이 빠르게 남하하고 있다. 매년 이슬람권이 1km씩 남쪽으로 확대된다는 분석도 있을 정도다. 이슬람이 다른 지역 혹은 국가로 확산되는 것은 인구증가가 아닌 이슬람이 가진 나름대로의 장점들 때문이다. 이슬람은 '아래에서' 받아들이기 쉬운 종교이고 '위에서도' 좋아하는 종교다. '아래'는 일반 대중을 의미한다. 이슬람은 '신앙의 문턱'이 낮은 종교다. 이슬람의 경전인 쿠란은 크게 두 부분으로 나뉜다. '메카 장(章)'이라고 불리는 부분과 '메디나 장(章)' 부분이다. 사도 무함마드가 메카에서 받은 계시들로 구성된 메카 장들은 주로 신학적인 내용으로 구성되어 있다. 많은 사람들에게 익숙한 구약의 내용도 다수 나온다. 메디나에서 내려진 계시들이 주를 이루는 메디나 장들은 상당히 실생활적인 것들로 구성된다. 어떻게 생활하라, 어떻게 생각하라 등의 내용이 주를 이룬다. 사실상 믿는 다기 보다는 과거 우리의 유교처럼 배우고, 익히고, 실천하는 것을 강조한다. 따라서 믿기 위해 노력하기 보다는 공동체 내에서의 행동양식을 잘 따르도록 하는 것에 중점을 두는 종교다. 따라서 '메디나 장'에는 기적이 거의 나오지 않는다. 사도의 기적을 믿는 것이 아니라 알라의 계시를 받은 지도자 무함마드의 지침에 따라 행동하는 것을 강조하는 종교다. 더불어 이슬람에는 특별한 '입교절차'가 없다. 누구나 다 '알라 외에 다른 신은 없고, 무함마드는 알라의 사도다.'를 진실한 마음으로 선언한다면 무슬림이 될 수 있다. 사우디아라비아 국기에 있는 이 두 줄의 아랍어 문장만 말하면 된다. 믿기 쉽고 입교 절차가 간단한 것이 이슬람의 장점 중 하나다.

'위에서' 즉, 위정자 및 권력자들이 좋아하는 이유는 이슬람이 구성원의 행동양식을 강조하기 때문이다. 즉, 과거 우리의 유교처럼 구성원과 사회의 가치관과 삶의 방식을 규율하는 것에 중점을 두는 종교라는 점에서, 위정자들이 정치적으로 이용하기 좋은 종교다. 특히 아프리카 대륙에서 이슬람이 빠르게 확장하는 이유는 혼란과 갈등 혹은 충돌이 많은 아프리카 대륙에서 위정자들이 이슬람을 받아들여 정치적으로 이용하면서 권력을 유지하는데 상당한 도움을 주기 때문이다. 실제로 이슬람 국가들은 권위주의 혹은 독재가 상당기간 이어지는 경우가 많다. 2011년 아랍의 봄 이후 튀니지, 이집트, 리비아, 그리고 예멘 정권이 교체된 것은 상당히 이례적인 사건이다. 그 이전 절대다수의 아랍 국가들은 대부분 '죽어야 바뀌는 정권'을 가지고 있었다.

4. 한국과 중동의 문화적 유사성

'우리와 상당히 다른데 어떻게 교류를 하고 협상을 해야 하나요?' '중동권에서 생활하는 것이 힘들지 않나요?' '이슬람 종교는 하루에 다섯 번 예배를 드리는 '이상한' 종교인데 어떻게 바라봐야 하나요?' 중동과 거래하거나 출장을 가야하는 우리 비즈니스맨들이 갖는 가장 기본적인 질문들이다. 우리와 너무 다른 곳이라 비즈니스하기 어려운 곳이라는 인식이 팽배해 있다. 지리적으로는 미국이나 유럽보다 더 가까운 곳에 위치하고 있지만, 사실 우리에게 중동은 더욱 멀리 있는 곳, 혹은 이상한 곳으로 느껴진다. 그러나 중동에서 12년을 거주하면서 필자는 큰 어려움을 느끼지 않았다. 물론 다른 점도 많다. 생긴 것도 다르고, 언어와 종교도 다르다. 그러나 중동의 본질을 보다 정확히 이해한다면 좀 다른 생각을 가질 수도 있다. 몇 가지 예를 들

니캅(베일)을 쓴 예멘의 여대생들

어보겠다.

중동의 여성들의 머리 두건에 대해 우리는 상당한 거부감을 가진다. 특히 눈만 내놓은 니캅을 보면 더욱 그런 느낌이 든다. '50도가 넘는 곳에서 왜 검은 천으로 온몸을 두르고 다닐까' 하면서 '이슬람은 여성을 억압한다.'라는 인식을 갖게 된다. 그러나 100년 전 우리의 모습을 돌아다보자. 우리나라에서도 규수들이 외출할 때 '장옷'을 걸치고 다녔다. 당연히 이슬람 때문은 아니었다. 남성중심의 가부장적 권위주의 사회의 전통이다. 중동권에서도 같은 이유 때문에 여성들의 행동에 제약이 있는 것이다. 즉, 우리와 유사한 남성중심의 가부장적 권위주의다. 이미 이슬람 등장 이전부터 이런 복장과 여성의 행동을 제약하는 전통들이 존재했었다.

아랍어에 대한 우리의 일반적인 인식도 그렇다. 꾸불꾸불한 지렁

이가 기어가는 것 같은 모습에 혀를 내두른다. 더욱이 아랍어는 오른쪽에서 왼쪽으로 쓰여 진다. 이상한 언어처럼 보인다. 그러나 우리의 훈민정음을 한 번 들여다보자. 위에서 아래로 써졌지만 전체적으로 방향은 오른 쪽에서 왼쪽이다. 불과 50년 전 우리의 서적과 신문도 장들을 왼쪽에서 오른쪽으로 넘겨 가며 읽었다. 일본 책들은 아직도 이를 바꾸지 않고 있다. 이처럼 동양의 상당수 문자들은 오른쪽에서 왼쪽으로 쓰도록 만들어졌다. 그러나 우리는 우리의 전통적인 방식을 버리고 서구적인 표기 체계를 받아들였다. 그리고서는 동양적인 방식을 고수하고 있는 아랍어 등 다른 아시아 언어들을 이상하다고 느낀다. 타문화를 접할 때 우리가 얼마나 바뀌었는지를 고려하면서 보는 것이 필요하다.

사우디의 한 저택에 있는 코란 구절로 만든 아름다운 벽등 장식, 오른쪽에서 왼쪽으로 쓰는 아랍어

교육 환경과 방식도 유사했다. 중동권도 현대에 들어와서는 우리

한국의 서당

중동의 전통교육기관 쿠탑(서당)

와 비슷한 서구식 교육을 받아들였다. 그런데 중동의 전통적인 교육은 '쿠탑(kuttab)'으로 불리는 교육기관에서 이뤄졌다. 쿠탑을 한국어로 번역하면 정확히 '서당'이다. '책을 보는 곳'이라는 의미다. 모습도 과거 우리 서당과 비슷했다. 훈장에 해당하는 이슬람학자가 앉아있고, 바닥에는 회초리가 있고, 학생들은 옹기종기 앉아 이슬람학자의 설명과 지도를 받는다. 거의 똑 같은 환경을 가지고 있었다. 방식도 비슷했다. 매일 이슬람 경전 쿠란을 소리 내어 읽고 암기했다. 우리의 서당에서 학생들이 천자문부터 사서오경을 큰 소리로 읽으며 암기한 것도 유사하다. 이슬람 종교도 유교처럼 배우고, 익혀서, 실천하는 종교이기 때문이다. 결과적으로 유교의 사회질서 유지의 슬로건이 '권선징악'이었던 것처럼 이슬람에서도 공동체를 유지하는 중요한 원칙은 '권선징악(선을 명하고 악을 거부하라)'이다.

한국의 장옷

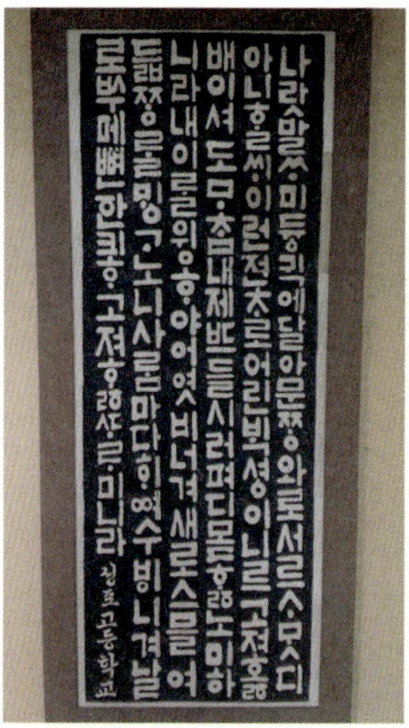

훈민정음, 위에서 아래로 쓰였지만 전반적인 방향은 오른쪽에서 왼쪽이다.

많은 비즈니스맨들이 우려하는 것과는 달리 중동에서도 우리의 전통적인 유교적 가치관과 행동양식을 가지고 생활하면 큰 문제가 발생하지 않는다. 과거 우리가 그랬듯이 남성중심의 가부장적 권위주의가 아직 적잖이 남아있는 곳일 뿐이다. 즉, '남녀칠세부동석'이 아직 남아있는 곳이라는 점만 인식하면서 행동하면 중동인과의 교류에 큰 어려움이 없을 것이다. 세계의 문명을 크게 둘로 나누면 서양과 동양이다. 중동은 분명히 동양, 즉 오리엔트 문명권에 속한다. 우리도 동양문명권에 속한다. 때문에 사실 중동 사람들은 서양인보다 한국인들을 훨씬 편하게 느낀다. 다만 우리가 상당히 빠른 속도로 서구화하였고 그 서구의 가치관과 생활방식에 익숙해지면서 동양적인 전통을 아직 상당부분 유지하고 있는 중동이 이상하고 멀리 느껴지는 것이다.

02 이슬람의 중동의 후진성 원인?

1. 이슬람과 중동의 정치경제

18세기와 19세기 서양 여행객들이 그려낸 중동의 모습은 '이국적 낭만'이었다. 왕궁을 방문한 정부 관료들은 비밀스런 하렘의 모습을 전하기 바빴다. 반라의 하렘 여성들의 사진이나 스케치도 유럽 책에 많이 소개됐다. 초콜릿색 피부에 뚜렷한 이목구비를 가진 아랍여성들은 유럽 남성들의 호기심을 사로잡기에 충분했다. 20세기 초를 배경으로 한 영화 아라비아 로렌스에서도 아랍은 낭만적인 곳으로 등장한다. 영국 옥스퍼드대학 출신 로렌스의 눈에 비춰진 아랍의 신비감이 영화전반을 흐른다. 홀로 말을 타고 광활한 사막을 거쳐 오아시스에 도착하는 로렌스의 모습은 이미 산업사회에 들어간 유럽인들에게는 동경의 대상이었다.

그러나 아랍에 대한 낭만과 신비감의 기저에는 반감도 강하게 있

모로코의 한 모스크, 아이를 위해 기도하는 마음

었다. 십자군 전쟁에서 정점을 찍은 기독교 vs. 이슬람의 갈등이다. 19세기부터 중동을 식민지화하기 시작한 유럽 강국들은 이슬람과 유목문화의 낙후성, 야만성 등을 강조하며 자신들의 제국주의를 정당화했다. 제1차 및 제2차 세계대전을 거치면서 팔레스타인 땅에 국가를 건설한 이스라엘도 반이슬람 그리고 반아랍 담론을 생산해 왔다. 아랍과의 4차례의 전쟁을 거치면서 그리고 불법 점령지를 유지하기 위한 명분을 만들어내기 위해 아랍과 이슬람을 야만적인 적대 문명으로 기술해 왔다. 미국의 역할도 컸다. 1979년 이란의 이슬람혁명으로 이스라엘에 이어 중동 내 두 번 째 교두보였던 이란을 잃은 미국은 이란에 등장한 이슬람정권을 후진적인 반근대적인 체제로 묘사해 왔다. 더불어 '이슬람=테러리즘'이라는 등식을 확립해 나갔다. 특히 21세기에 발생한 9.11테러 이후 이 등식을 적용해 미국은 군사적인 보복을 단행했다. 점령에 저항하는 팔레스타인인들 그리고 지난 수년간 이라크 내 독립투사들 모두 테러리스트로 낙인찍혔다.

가. 불편한 이슬람의 렌즈

이처럼 많은 사람들이 중동을 이슬람의 렌즈를 끼고 본다. 이슬람이 모든 것을 좌지우지 하는 곳이라고 보는 시각이다. 이런 시각은 최근에 등장한 것이 아니다. 오래 전부터 유럽의 제국과 시민들도 유사한 렌즈를 끼고 있었다. 산업혁명 이후 유럽의 상인들은 잉여생산품을 팔기 위해 가장 가까운 곳에 있던 중동을 자주 찾았다. 중동을 처음 방문한 상인들은 자신들의 눈과 귀를 의심할 수밖에 없었다. 마을마다 높이 솟아있는 모스크의 첨탑들 그리고 하루에 다섯 번 예배를 알리는 아잔(예배 알림 외침)은 유럽인들에게 '이해할 수 없는' 현상이었다. 유럽의 중세 암흑시대를 겨우 벗어나고, 종교개혁을 통해 상업을 허용하고, 시장이 확대되면서 산업혁명으로 새로운 시대를 열고 있었던 유럽인들이었다. 왕권 혹은 국가보다 위에서 군림하던 교황 혹은 종교기관의 비이성적인 권위주의에 유럽이 후진상태를 면치 못하던 쓰라린 역사를 너무나 잘 알고 있는 유럽인들이었다. 이들에게 중동의 상황은 이해할 수 없는 혹은 '비이성적'인 것으로 받아들여졌다. 특히 그렇게 강했던 종교 권위주의 하에서도 하루에 한 번 예배를 보라고 강요하지 않았었다. 그런데 하루에 다섯 번 예배를 봐야하는 중동이었다. 이들이 여러 기록에서 중동을 '종교에 미친

두바이 해변의 외국인과 현지 여성

히잡과 니캅을 쓴 자매, 개인의 선택이다.

곳'이라고 묘사하는 것은 어쩌면 당연한 결과였을 수도 있다.

유럽이 주도하는 서구문명이 20세기와 21세기를 주도하면서 위와 같은 대중동 혹은 대이슬람권 시각이 아직도 상당부분 남아있다. 중동의 후진성이 이슬람 때문이라는 시각이 지배적이다. 아랍 국가만 해도 22개국인데 이 중 정치적 그리고 경제적으로 선진화된 나라가 하나도 없다. 한국과 비교해볼 때 훨씬 먼저 서구화하고 산업화하고 더욱이 1970년대부터는 석유수출로 인한 엄청난 오일머니가 있었는데도 말이다. 많은 사람들은 이러한 후진성이 이슬람 때문이라고 보고 있다. 이집트에서 잠시 가이드를 할 때였다. 카이로 시내를 들러 본 많은 한국인들은 1970년대만 해도 우리보다 잘 살았던 이집트가 엉망이 된 배경에는 이슬람이 있다고 언급한다. 하루에 다섯 번 예배를 보고 1년에 한 달을 단식을 하는데 언제 경제와 정치를 발전시킬 수 있냐는 것이다. 또한 1400여년 된 이슬람의 오래된 가치가 아직도 중동의 정치, 경제, 사회 및 문화를 지배하는 환경 속에서 현대화는 사실상 불가능하다는 것이다.

나. 이슬람 때문에 정치경제 저발전?

정말 그럴까? 이집트의 예를 들어보겠다. 실제로 이집트는 정치, 경제, 사회 등 제분야가 기능을 제대로 못하고 발전하지 못하면서 사실상 '실패한' 국가가 되었다. 때문에 2011년 혁명으로 인해 정권이 붕괴했다. 그런데 이집트가 실제로 이슬람 때문에 발전하지 못했을까? 하나하나 집어보자. 이집트의 정치가 이슬람적인 것이었을까? 아니다. 이집트는 1952년 혁명 이후 현재까지 공화정 시스템을 유지하고 있다. 유럽에서 받아들인 세속주의 정치체제다. 2011년 혁명이후 치러진 총선과 대통령 선거에서 이집트 국민이 이슬람주의 무슬림형제단에게 가장 많은 표를 던진 것은 지난 60여 년간 이어진 세속주의 정부의 정책과 탄압에 신물이 났기 때문이었다. 이집트의 경제는 어떤가? 이슬람식 경제를 운용했을까? 아니다. 나세르 혁명 정부는 1950년대와 60년대 사회주의 경제를 추진했다. 뒤를 이은 사다트 정권은 'Open Door Policy'라고 불리는 자유

이집트 총선,
여성도 적극참여한다.

쿠웨이트의 교육부 장관은
여성으로 히잡도 쓰지 않는다.

시장경제를 지나치게 추구했다. 1981년부터 이집트를 통치한 무바라크 대통령은 시장경제를 유지하며 IMF와 세계은행의 지원을 받아 민영화도 진행했다. 경제도 모두 서구식 경제시스템에 바탕을 두었지만 성공적이지 못했다.

금융은 어떨까? 이슬람 종교는 이자를 금지하고 있다. 때문에 이집트 및 중동의 금융이 발달하지 못했을 것이라는 시각도 있다. 그러나 이집트 및 중동 내 은행의 90% 이상은 우리와 유사한 일반 금융이다. 이자도 다 준다. 중동의 상당 국가들은 금리가 우리보다 더 높다. 장기목돈저축의 경우 금리가 10%를 넘는 경우도 많다. 마지막으로 사회 전반을 규율하는 법을 들여다보자. 이집트뿐만 아니라 대부분 중동 국가의 법은 실정법이다. 프랑스와 독일 법제를 근간으로 하는 대륙법이다. 우리나라의 법제와 유사하다. 이슬람법은 가정법원에서 이혼 및 상속에만 적용되고 있다. 전체 법제의 약 90-95%는 유럽의 실정법이고, 나머지 5-10%만이 이슬람법에 적용된다. 도둑질하면 손을 자르는 곳은 이제 57개 이슬람 국가 중 사우디아라비아, 이란 정도에서만 적용되고 있다. 요약해보면, 이집트의 정치, 경제, 법, 금융 등 다양한 분야가 서구에서 들여온 세속주의 체제에 의해 운용되어왔다는 것이다. 이슬람 종교 때문에 이집트가 발전하지 못하고 후진성을 면치 못하고 있다고 보는 것은 적절치 않다.

2. 중동의 유목문화와 부족주의

중동에서 발견되는 가치관에는 이슬람 외에도 부족주의가 있다. 역사적으로 볼 때 부족주의는 이슬람주의 보다 훨씬 이전부터 중동 지역의 중요한 정체성의 근간이 되어왔다. 따라서 이슬람의 등장도 부족주의에 상당한 영향을 받았다고 할 수 있다. 이슬람의 사도 무함마드가 등장하기 이전, 즉 소위 자힐리야(Jahiliyya) 시대의 아라비아 반도에서는 다양한 부족이 상호 가축, 영토, 그리고 명예를 놓고 갈등과 충돌을 벌이던 상황이었다. 무함마드는 이러한 갈등의 부족 역사를 보다 연대감이 강한 정치적 공동체로 만든 인물이었다. 그러나 이슬람 등장 이후에도 부족주의가 완전히 사라진 것은 아니었다. 부족 내 주요 가문 간의 기득권 경쟁으로 이슬람초기의 역사도 상당한 갈

사우디아라비아의 유목민

화려한 장식의 시리아 버스, 무미건조한 사막에 사는 사람들은 장식을 좋아한다.

등이 발생해 왔다. 이러한 부족주의 현상은 아랍 곳곳에서 보인다. 2005년 사우디아라비아의 압둘라(Abdullah) 국왕 취임식에는 수백 명에 달하는 부족지도자들이 참석해 충성서약(baia)을 행했다. 여성의 참정권 문제가 논란이 되었던 쿠웨이트에서 이 사안에 가장 강력히 반대 입장을 취했던 세력의 부족을 대표하는 의원들이었다. 2005년 6월 지방의회 선거에서도 부족을 대표하는 후보가 60% 이상의 의석을 차지했다. 사담 후세인(Saddam Hussein) 통치가 끝난 이라크에서도 이라크 과도정부의 부통령으로 임명된 가지 알-야와르(Ghazi al-Yawar)는 이라크의 거대부족 샴마르(Shammar)의 부족장이었다.

가. 두 우물의 방정식

이 부족주의가 등장하게 된 배경에는 중동의 생산 수단을 대표하는 유목문화가 있다. 거친 사막을 다니며 가축을 기르는 이들 유목 부족들의 전통이 아직 중동에는 상당부분 남아있다. 12년 중동에서 거주한 경험에 따르면 중동 사람들의 가치관과 사회 통념은 이슬람보다 이 유목문화를 바탕으로 한 부족주의에 의해 더욱 영향을 받는다. 유목문화에 의해 중동에는 '남성중심의 가부장적 권위주의'가 등장했다. 남성중심의 가부장적 인식체계는 특히 아랍권의 중요한 전통

사우디아라비아 유목민

풀 한포기 없는 사막 지역

그리고 아랍인의 심리구조에 자리 잡았다. 가부장적 권위주의는 아랍 민족의 마인드에 깊게 뿌리박힌 유목민 부족 문화에 기인한다.

유목문화를 이해하는데 자주 사용되는 접근법은 '두 우물의 방정식'이다. 유목민은 가축을 데리고 '정처 없이' 다니는 사람들이 아니다. 유목민이 이동하는 경로는 정해져 있다. 사막 속에서 정처 없이 다니다가는 목숨을 잃는다. 유목민들은 자신들이 어디로 향하는지 정확히 알고 이동한다. 이 경로를 결정하는 것이 두 개의 큰 우물이다. 즉, 오아시스들이다. 강력한 부족은 더 많은 수의 오아시스를 가지지만, 유목 부족은 생존하기 위해서 최소 두 개의 오아시스를 가져야 한다. 하나는 여름용 그리고 다른 하나는 겨울용이다. 이 두 곳에서는 다소 오래 머물지만 가축이 먹을 풀이 떨어지면 이동해야 한다. 이동하는 경로에는 작은 우물들이 곳곳에 있다. 최소한 1주일에 한 번은 물을 공급받아야 하기 때문이다. 따라서 부족은 이 여름용, 겨울용 오아시스를 왕복하는 여정에서 작은 우물들을 향해 이동하는 사람들이다. 이 이동경로가 부족의 영역이라고 할 수 있다. 따라서 고대부터 시인들은 유목민들의 영해를 '항해'로 은유하곤 했다. 사막을 바다로 보는 곳이다. 사막이라는 바다 위에 간간히 떠 있는 섬이 바로 우물이다. 여기서 많은 중동의 문화가 등장한다.

나. 생존을 위한 남성 중심의 가부장적 권위주의

유목문화의 가장 큰 특징은 물리력 혹은 무력을 바탕으로 한 권위주의에 바탕을 둔다. 정착문명과는 달리 유목민들에게 가장 중요한 것은 우물이나 오아시스다. 여름용, 겨울용 큰 오아시스는 물론이고 이동 경로에 있는 작은 우물들을 보호해야 했다. 작은 우물이라도 적에게 빼앗기게 된다면 생존할 수 없다. 따라서 생사를 결정하는 우물 혹은 오아시스를 보호하기 위해 모든 남성은 무장을 해야 했다. 남성이 칼을 지니는 것은 당연했고, 유사시에는 우물과 재산을 지키기 위해 모두가 나가 싸워야 했다. 남성중심의 사회가 형성될 수밖에 없었다. 공동체의 생존을 남성들이 매일 책임져야 했기 때문이다. 농경 정착문명하고는 상당히 다르다. 농경사회에서는 남자들이 놀아도 먹고 사는데 결정적인 문제를 야기하지는 않는다. 여성들이 일하면 되었

보수적인 부부의 외출

사막 속 오아시스를 즐기고 있는 이집트 인들

기 때문이다. 그러나 사막에서는 남성들이 우물을 지키지 못할 경우 부족은 멸할 수밖에 없었다.

강력한 권위주의도 등장하게 된다. 모든 남성이 무장을 하고 1년 내내 전투태세를 유지해야 하는 사회였다. 무장한 부족 구성원을 다스리기 위해 지배 가문은 일반적으로 가장 강력한 물리력을 가진 집안이었다. 이들 가문 그리고 이 가문의 남자 어른은 군대의 사령관 같은 권위를 가져야 한다. 전투를 위한 엄격한 위계질서와 명령체계를 가져야 한다. 즉, 강력한 권위주의적 리더십이 필요한 사회와 정치구조가 등장한다. 가장 강한 가문 혹은 집안의 남자 어른에게 모든 지도력과 권력이 주어졌다. 중동을 접하는 많은 사람들이 갖는 기본적인 의문 중에 하나는 '왜 중동이 변하지 않고 과거의 전통에 싸여 있나'라는 것이다. 답은 우리보다 훨씬 강력한 남성중심의 권위주의 사회였기 때문에 변하는 속도가 늦다는 것이다. 우리에게 있었던 남성중심의 가부장적 권위주의는 사회질서를 유지하기 위한 것이었다면, 중동 유목 부족이 가진 남성중심의 가부장적 권위주의는 생존을 위한 것이었다. 변하는 속도가 당연히 느릴 수밖에 없다. 따라서 중동은 이상한 권위주의 문화를 가진 것이 아니라, 아주 강력한 권위주의 체계를 가져서 서구화가 다른 지역보다 늦는 것이라고 이해하는 것이 더 적절할 것이다.

따라서 중동의 지배가문은 전통적으로 정치권력뿐만 아니라 경제권력도 가진다. 따라서 아랍 부족장의 힘은 두 가지 요소로 상징된다. 하나는 부족장이 보유한 자원과 재원의 규모이고, 나머지 하나는 부족장이 소유한 군사력이다. 자원은 곧 경제를 군사력은 정치력으로

거리에는 남성이 주를 이룬다.

연장자를 공경하는 유목 문화

대변된다. 부족 내 최고 엘리트인 부족장과 그의 일가는 그래서 경제 엘리트이자 정치엘리트로서의 역량을 갖추고자 한다. 부족원은 부족장의 명령과 권위에 절대 복종해야 한다. 재원을 가지고 부족의 복지까지 책임지는 지도자는 또 '아버지'와 같은 권위를 갖는다. 아버지에게 도전하는 것은 터부시 돼왔다. 아랍의 부족을 일컬을 때 '바누(Banu)+부족장 이름'이라는 표현이 사용된다. 바누는 아들의 복수다. 따라서 아버지 역할을 담당하는 부족장의 아들들이 부족의 이름이다. 남성중심의 가부장적 권위주의체제는 이처럼 아랍유목 사회의 가장 중요한 세계관이다.

다. 물리력에 약한 속성

이런 유목문화가 과거의 이야기일 뿐인가? 그렇지 않다. 물리력에 기반을 둔 가부장적 권위주의 전통은 현재까지도 아랍 사회를 지배하고 있다. 현재의 정치경제에도 강력한 영향을 주고 있다. 이슬람 종교보다는 이 유목문화가 더 큰 영향력을 행사한다. 때문에 중동의 정치는 '죽어야 바뀌는 정권'의 특징을 가진다. 아버지는 죽어야 그 지위를 상실한다. 소위 왕정이라 불리는 걸프국가에서는 가문의 수장이 절대 그리고 세습군주로 군림하고 있다. 사우디아라비아는 '사우드' 가문, 아랍에미리트의 아부다비는 '나흐얀,' 두바이는 '마크툼' 가문, 카타르는 '싸니' 가문, 쿠웨이트는 '사바흐' 가문이 왕위는 물론 주요 정부 요직을 거의 차지하고 있다. 이들 가문은 경제권도 사실상 대부분 차지하고 있다. 공화정국가에서도 마찬가지다. 군부 쿠데타 세력이 대부분 죽을 때까지 집권한다. 선거는 있지만 이름뿐이다. 정권교체가 없고, 장기독재가 이어진다. 대표적인 예가 1969년 27세의 나이로 쿠데타에 성공해 41년 동안 통치했던 리비아의 지도자 카다

사우디아라비아 마스막(Masmak) 요새에 전시된 무기들

사우디아라비아의 두 여기자

피다. 반정부 시민군에 대해 카다피는 물리력을 동원해 자신의 권위를 끝까지 지키려고 무차별 진압을 펼쳤다. 자국인에 대해 전투기와 공격용 헬기까지 투입했다.

물리력을 중시한다는 것은 '강력한 물리력'에는 약한 속성과 연결된다. 역사적으로도 그렇다. '7세기 초 등장한 이슬람이 수십 년 만에 스페인 남부까지 점령하는 과정에서 큰 전투는 거의 없었다. 새로 등장한 이슬람국가를 둘러싼 두 제국 혹은 다른 민족과의 전투가 가장 치열한 전투였을 뿐이다. 페르시아 사산제국과 펼친 카디시야(Qadissiya, 현재의 이라크 중남부) 전투, 동로마 비잔틴제국과 싸운 야르무크(Yarmuk, 현재 요르단 북부) 전투였다. 그 외 지역에서는 이슬람 대군이 진군해 오면 대부분 부족은 항복 서약을 행했을 뿐이다. '이기지 못할 싸움'은 하지 않는 것이 유목민들의 마인드라고 할 수 있다.

예멘 남성에게 잠비야(단검)는 필수다. 소년들도 아직 칼을 차고 다닌다.

이런 마인드를 아랍의 독재정권들은 정치적으로 이용해 왔다. 군부 출신의 대통령은 자주 군복을 입고 대국민 연설을 행하였다. 군은 물론 군 출신이 대거 포진한 정보부 그리고 경찰까지 최고 권력을 호위하는 세력으로 만들었다. 군대 근처에도 가보지 않은 야세르 아라파트 팔레스타인 전 자치정부 수반, 독재자 사담 후세인 등이 군복을 자주 입고 빈 권총집을 차고 다녔던 것도 물리력을 과시하기 위함이었다. 걸프 왕정에서도 왕세자나 왕세제가 되는 정규코스는 영국의 사관학교를 이수하고 경찰청장과 국방장관을 거치는 것이다. 왕이 된 이후에도 정보기관과 군부는 자신의 직속 명령체계 하에 둔다. 더불어 '공화국수비대' 혹은 '왕정수비대' 등 친위부대를 별도로 두고 권좌를 지키는 물리력으로 사용하고 있다. 이처럼 현재 중동 및 아랍의 정치 및 경제에 유목문화에 바탕을 둔 남성중심의 가부장적 권위주의가 상당히 중요한 역할을 하고 있다. 이슬람보다는 이런 유목문화가 중동의 정치경제에서는 더 중요한 변수다.

라. 유목 부족의 전통? 이슬람 전통?

유목문화가 정치경제에만 영향을 주는 것이 아니다. 우리가 이슬람 전통이라고 알고 있는 많은 것들이 사실은 유목 부족의 전통에 기인한 것들이 적지 않다. 예를 들어 이슬람 문화에는 보복의 전통이 있어 테러가 이어진다는 시각이다. 소위 '눈에는 눈 이에는 이'다. 그런데 이 경구는 3,700여 년 전에 집필된 함무라비 법전에 쓰여 있던 것이다. 유대교 및 기독교 경전에도 등장한다. 이슬람 등장 훨씬 이전에도 중동에서 통용되던 유목 문화다. 이런 보복의 전통이 등장하게 된 배경에는 유목 부족의 세력 균형 노력이 있다. 주변 부족과 평화공존하기 위해서는 힘의 균형이 유지되어야 한다. 따라서 자신의 부족에 발생한 피해를 동등하게 가해 부족에게도 되돌려 준다는 전통이 등장한 것이다.

중동에서 현재도 이어지고 있는 '사촌 간 결혼'도 그렇다. 이슬람 때문이 아니라 유목 부족전통 때문이다. 사막의 유목 부족은 상당히 동떨어진 지역에서 거주하는 경우도 많다. 밀집 거주하는 정착 농경문화하고는 환경이 다르다. 특히 한 유목 부족이 주변 혹은 인근 부족과 불편한 관계에 있다면 이는 결혼에 더욱 심각한 영향을 미친다. 따라서 주변 부족이 멀리 있거나 갈등관계에 있다면 혼기에 찬 젊은이들을 내부에서 결혼시킬 수밖에 없다. 그 가능 범위를 사촌 관계까지 확대해 놓은 것이라고 볼 수 있다.

히잡과 터번도 중동의 유목 부족의 전통이다. 뜨거운 곳이다. 남자와 여자 모두 머리와 뇌를 보호하기 위해 머리 두건을 써야 한다. 눈만 내놓는 여성의 머리두건 '니깝'은 여성에만 국한된 것이 아니다. 사막에 거주하는 유목민 남자들도 눈만 내놓는 경우가 많다. 모래 먼지 때문이다. 모래 폭풍이 올 때도 있고, 맑은 날씨에도 뜨겁고 건조한 환경 때문에 작은 모래 입자가 공기 중으로 떠오른다. 천으로 한 번 거르고 숨을 쉬는 것이 건강에 더 좋을 것이다. 이슬람 이전 모세와 예수에 관한 영화를 보더라도 사막에 사는 사람들은 머리 두건을 쓰고 다녔다. 이러한 삶의 방식이 이슬람이 등장한 이후에도 이어진 것뿐이다. 오히려 이슬람 종교가 중단시킨 악습도 있다. 대표적인 것이 여아 살해의 전통이다. 이슬람 이전 중동의 유목 사회에서는 부족 내 여성의 수가 지나치게 많아지면, 새로 태어난 여자 아기를 산 채로 땅에 묻었다. 적정한 전투력을 유지하기 위해 피보호 대상의 수를 조절한 것이다. 이슬람은 이러한 전통을 금지시켰다. 또한 여성을 해방시키기 위해 사유권을 인정하는 등 개혁조치를 단행했다. 그러나 초기 이슬람 시대 이후 다시 세속주의적 정치체제가 등장하고 이슬람법을 해석하는 학자들도 모두 남자였다는 점에서 이러한 개혁 노력은 실패로 돌아갔다.

3. 중동과 정교일치

중동이 이슬람에 의해 좌지우지되지 않는다고 말하면 많은 사람들이 고개를 갸우뚱할 것이다. 적지 않은 사람들은 오히려 현재의 이슬람이 과거 중세의 기독교보다 더 강력한 권위를 가지고 있다고 주장할 수도 있다. 때문에 일부 사람들은 중동을 알라의 땅, 이슬람의 땅 등으로 묘사하기도 한다. 그러나 중동도 우리와 비슷한 인간의 땅이다. 중동의 젊은이들도 우리의 젊은이들처럼 일자리를 찾는데

모스크에 배치되어 있는
이슬람 경전 쿠란

아부다비 그랜드 모스크, 세계 최대 규모다.

가장 많은 고민을 하고 있다. 하루에 다섯 번 예배를 잘 보기 위해서만 고민하는 것이 아니다. 앞에서 설명한 바와 같이 대부분 중동국가의 정치경제가 이슬람식으로 운용되지 않고 있다. 아주 강력할 것이라고 믿고 있는 이슬람의 영향력을 조금 더 자세히 들여다보니 최소한 정치경제적으로는 그렇지 않다는 것을 설명했다.

그럼에도 불구하고 우리는 중동을 언급할 때 '정교일치'라는 용어를 자주 사용한다. 정교일치(unity between church and state)는 유럽학자들에 의해 만들어진 용어다. 중세의 암흑시대를 개탄해 하며 꼬집는 말이다. 대체로 종교가 국가 권위 위에 있었던 시대 즉, 종교의 권위가 정치, 경제, 개인의 삶을 지배하면서 이성과 철학 그리고 과학이 침체할 수밖에 없었던 시대를 의미한다. 그러나 이슬람 역사에는 정교일치가 적용될 수 있는 시대가 거의 없다. 역사적으로 이슬람의 초창기 즉, 무함마드와 그의 4대 정통칼리파 시대 40여 년 동안은 정치지

아부다비의 그랜드 모스크 실내

도자가 종교지도자의 역할을 수행했다고도 할 수 있다. 그러나 종교가 국가 권력 위에 있는 것은 아니었다. 즉, 1400여 년 동안 이슬람에서는 종교기관이 국가 권력 혹은 왕권 위에 있었던 적이 단 한 차례도 없었다. 우리가 중세의 영화에서 자주 볼 수 있는 교황이 즉위하는 왕의 두 어깨를 칼등으로 두드리는 그런 의식이 전혀 없었다는 것이다.

가. 모세 및 예수와 다른 정치지도자 무함마드

왜 그럴까? 이를 위해서는 이슬람 종교의 특성을 이해해야 한다. 이슬람은 중동의 다른 양대 종교, 즉 유대교 그리고 기독교와 태동에 있어 상당히 다르다. 이는 창시자 무함마드의 독특한 지위와 역할에 기인한다. 모세와 예수는 하나님의 메시지를 전하는 종교적 사명을 마치고 삶을 마감했다. 즉, 종교적 지도자 성격이 강했다. 출애급 사명을 수행하기 위해 모세는 이집트에 사는 유대인들을 설득해 '젖과 꿀이 흐르는 가나안 땅'까지 인도했다. 그러나 정작 본인은 가나안에 들어가 보지도 못하고 삶을 마감했다. 하나님의 사명을 수행하는 사도의 역할만 수행한 것이다. 기독교의 예언자 예수는 헐벗고 소외된 이들을 이끌고 예루살렘에 입성함으로써 하나님의 메시지 '범우주적 사랑'의 힘을 보여줬다. '하나님은 모두를 사랑하신다.'는 메시지

이슬람 경전 쿠란과 미스바하(염주)

를 전파하고 힘없는 자들을 이끌고 사랑의 힘을 보여주었지만, 본인은 정작 예루살렘 입성 후 3일 만에 십자가에 못 박혀 하나님 곁으로 갔다.

그러나 이슬람의 사도 무함마드의 역할은 알라의 메시지를 전하면서 종교를 정착시키는데 끝나지 않았다. 무함마드는 종교적 지도자인 동시에 정치적 지도자 혹은 최고 권력자가 되었다. 무함마드가 계시를 받은 것은 그가 40세가 되던 610년이었다. 메카 인근의 산에 있는 히라(Hira) 동굴에서 3일 간 명상을 하던 중 첫 계시가 내려왔다. 이후 그는 메카에서 하나님의 메시지인 평화, 평등 그리고 사회정의를 설파했다. 그런데 문제가 있었다. 무함마드는 당시 메카의 지배세력이었던 쿠라이쉬(Quraish) 부족에 속했으나 두 번째 서열의 가문 출신이었다. 앞서 언급한 바와 같이 유목 부족의 전통적 특성 중 하나는 최대 가문이 정치 및 경제 권력을 모두 장악하는 것이었다. 두 번째 서열 가문 출신인 무함마드가 사회정의와 평등을 주창하게 되자 지배가문은 상당히 심기가 불편했다. 결국 무함마드를 제거하려는 음모가 진행되었다. 이를 파악한 무함마드는 622년 식솔과 지지자들을 이끌고 메카를 떠나기로 결심한다. 야밤에 이동을 시작해 구사일생으로 메카를 빠져나가 메니다로 이주에 성공한다. 이 해가 이슬람의 첫 해이다. 이주라는 뜻의 아랍어 히즈라(Hijra)를 따서 히즈라력이라고도 한다. 이슬람력은 622

년을 원년으로 한다. 2013년은 히즈라력으로 1392년이다. 영어로는 앞에 H를 붙여 H1392년이라고 표기한다.

나. 유교적 성격의 이슬람

좀 이상하다. 어떤 종교의 첫해라고 하면 보통 창시자가 태어난 해라던가 아니면 사망한 해이거나 그것도 아니면 최소한 첫 계시를 받은 해가 되는 것이 일반적이다. 그런데 이슬람은 창시자가 죽음을 피해 탈출한 해가 첫 해이다. 그러나 622년은 이슬람에서 중요한 의미를 가지는 해다. 무함마드가 이주한 메디나는 당시 여러 부족이 갈등을 벌이고 있는 곳이었다. 무함마드는 중재자로서 메디나 일부 부족에게 초대를 받은 것이다. 이는 무함마드가 메디나에서 정치지도자

레바논 베이루트의 한 모스크에서, 예배 후 쿠란 공부 모습

중동 남성들의 놀이 문화, 아랍에미리트

리비아의 한 모스크 첨탑

로 부상한 것을 의미한다. 따라서 622년은 이주를 통해 무함마드의 지도력 하에 첫 번째 이슬람 공동체가 등장한 해라고 볼 수 있다.

메디나 이슬람공동체의 지도자로서 무함마드는 공동체를 유지하고 사회를 통제하기 위한 여러 제도와 장치를 만든다. 당시 그곳에서 무함마드가 받은 계시는 메디나 계시라고 불린다. 실생활적인 것들이다. 메카 계시라고 불리는 메카에서 받은 계시들은 대부분 신학적인 것들이 많다. 성경의 구약에 관한 내용들도 다수 포함되어 있다. 메카에서는 무함마드가 계시를 전하는 종교지도자 역할을 주로 했기 때문이다. 그의 활동을 뒷받침할 만한 신학적인 내용들이 많은 것은 당연한 결과다. 그러나 메디나에서는 정치 및 공동체 지도자로서 자신의 권위와 권력을 강화하고 공동체를 유지하기 위한 내용의 계시가 많을 수밖에 없다. 정치지도자로 약 9년 동안 세력을 규합한 무함마드는 631년 대군을 이끌고 메카로 향한다. 군사력을 바탕으로 무혈입성에 성공한다. 다행히 보복을 하지는 않았다. 자신을 죽이려했던 지배가문을 시리아로 추방한다. 그리고 이슬람국가 및 제국의 기틀을 다졌다. 약 2년간 통치하고 죽었다. 그는 종교지도자인 동시에 정치지도자였다.

때문에 이슬람, 특히 메디나로의 이주 이후의 계시 내용은 유교와 상당부분 유사한 점을 가지고 있다. 과거 유교와 마찬가지로 이슬람도 일종의 통치철학적인 특성을 상당부분 보여주고 있다. 또 국민의 삶을 통제하는데 용이한 생활종교 형태를 갖추고 있다. 삼강오륜에 '군신유의'가 지배자와 신하 및 백성의 관계를 배신하지 않는 '의리'로 묶여 놓은 것처럼 이슬람도 종교 지도자가 최고 권력자였던 점에서 권력 유지를 위해 용이한 내용들을 많이 담고 있다. 하루에 다섯 번 예배를 보도록 규정한 것도 국민의 삶을 이슬람의 통치철학에 맞추기 위함이었다. 중국에서 유교가 아직도 영향력을 가지고 있는 것처럼, 이슬람이 아직 중동의 가치관과 세계관에 중추적인 역할을 하는 것도 이 때문이다.

다. 성직자가 없는 수니파 이슬람

그러나 이슬람 종교가 정치 및 경제 분야에 큰 영향력을 가질까? 그렇지 않다. 최고 권력자 및 정치지도자로서 무함마드는 자신의 권위에 도전하지 못하는 시스템을 갖춰 놓았다. 특히 종교에 대해서는 더욱 엄했다. 위에서 무함마드가 권력을 차지하는 과정을 설명해 놓았다. 짧게 정리하면 종교를 이용해 궁극적으로는 정치, 경제적 권력을 얻는 과정이다. 따라서 무함마드는 종교가 얼마나 강력한 이념적 그리고 정치적 파워를 가졌는지를 너무나 잘 알았다. 본인이 그런 방식으로 삶을 살았기 때문이다. 무함마드는 자신의 종교적 그리고 더 나아가 정치적 권위에 도전할 세력을 용인하지 않을 목적으로 두 가지 원칙을 만들었다.

첫째, 이슬람의 90%를 차지하는 수니파에는 성직자 계급이 존재하지 않는다. (소수인 쉬아파는 정치적 탄압을 받아오면서 강력한 리더십을 구축하기 위해 지배자에게 종교적 권위까지 부여할 수 있는 성직자 계급을 만들었다. 때문에 시아파 국가인 이란은 현재 대통령 위에 최고 종교지도자가 군림하는 정교일치 혹은 신정일치 국가로 변모했다.) 무함마드가 자신의 종교적 권위에 도전할 수 있는 세력이나 집단 자체를 허용하지 않은 것이다. 따라서 이론적으로 수니파 이슬람에서는 누구나 예배를 인도하고 설교할 수 있다. 이처럼 설교단이 누구에게나 개방되면서 반정부 세력이 모스크를 장악하려하자, 근대에 들어와 중앙집권 정부들은 정부에서 월급을 주는 모스크 담당자를 파견하고 있다. 따라서 이슬람에서는 경전과 신학을 공부한 학자(ulama)들만이 존재할 뿐이다. 독립적인 성직자 집단은 없고 이들 학자들도 정부의 이슬람법 해석이나 종교재산 관리를 위해 고용될 뿐이다. 즉, 성직자는 없고 공무원만 있다는 것이다. 직업적 성격의 교황, 주교, 목사 등도 존재하지 않는다.

둘째, 이슬람은 기독교의 십일조에 해당하는 자카트(희사)도 누구에게나 줄 수 있도록 규정했다. 자카트는 모든 무슬림의 의무이다. 자기 수익의 2.5%를 내야한다. 어려운 사람들을 돕고 부의 재분배를 위해 이슬람에서 도입한 제도이다. 그러나 무함마드는 이 자카트를 누구에게나 줄 수 있도록 했다. 기독교처럼 교회에 내야하는 것이 아니다. 길거리에 있는 사람에게 주는 돈도 자카트다. CIA가 이슬람 기부를 추적하는 것도 이 때문이다. 아무한테 줄 수 있기 때문에 또 주어야 하는 것이 의무이기 때문에 이슬람 과격 테러단체에게 이런 돈이 흘러들어 간다는 분석 때문이다. 어쨌든 무함마드의 결정은 돈이 종교기관에 모이는 것을 막기 위한 것이었다. 위의 두 가지 원칙을 정리해 보면, 이슬람에서는 종교기관에 사람과 돈이 없다. 현재도 모든 모스크의 주인은 주민이다. 소유권을 주장할 수 없다. 왕족이나 부자가 자신의 돈을 기부 형식으로 모스크를 건립하고 이름만 남길 뿐이다. 상식적으로 사람과 돈이 없는 종교기관이 왕권 혹은 권력층에 도전하거나 위에 올라설 수 없다. 유럽의 중세하고는 크게 다르다. 정치 지도자 무함마드가 추구한 것은 백성의 도전이 존재하지 않는 권위주의 사회였다. 따라서 시아파와 달리 수

이집트 카이로 이슬람 지역 알-아즈하르 사원, 수니파 이슬람의 최고 권위 대학이자 사원이다.

니파에서는 1,400여년 역사에서 단 한 차례도 이슬람이 권력을 차지한 적이 없다. 이슬람은 권력과 권위주의를 유지하고 사회와 개인을 통제하는데 정치적으로 가장 동원하기 쉬운 수단으로 종종 이용될 뿐이었다.

그렇다고 이슬람의 영향력이 약하다고 말할 수는 없다. 이슬람이 가진 영향력은 사회적인 것이다. 어떤 종교나 이념이 권력을 추구한다면 오래가지 못한다. 권력은 영원하지 못하기 때문이다. 권력이 무너지면서 같이 영향력을 상실하게 된다. 중세와는 달리 현재 유럽의 기독교 종교기관이 이런 상태에 있다고 볼 수 있다. 그러나 이슬람은 권력을 추구하지 못하도록 애초에 여러 장치를 마련해 두었다. 결국 이슬람이 등장한 이후부터 사회적인 역할만 할 수 있었다. 따라서 이 같은 사회적 역할과 영향력이 1,400여년이 지나도 아직도 살아남아 있는 것이다. 중동에서의 이슬람은 정치 및 경제적 분야가 아니라, 사회적 분야에서 강력한 기능을 하고 있다. 따라서 중동의 정치경제를 연구하고 진출 전략을 구축하는데 있어서 이슬람의 틀로 이를 본다면 상당한 오류에 직면할 수밖에 없다.

03 양날의 칼 석유 - 중동 경제의 특성

1. 검은 황금 석유

중동에 대한 이미지는 석유와 깊게 연관돼 있다. 사실 석유가 발견되기 이전에는 현재의 걸프 국가들은 대부분 존재하지도 않았다. 유전 개발 이권을 차지하기 위해 서방 정부와 기업이 유전 지역에 거주하던 최대 부족을 재정적 지원하면서 이들 부족이 후에 국가를 건설하고 정부를 구성했다. 쿠웨이트, UAE, 카타르, 바레인 등이 이런 부류의 국가들이다. 전략물자인데다 근대화에 빠질 수 없는 에너지원인 석유로 인해 중동의 지정학적 중요성도 커지게 된다. 중동지역은 현재 세계 석유 확인매장량의 약70%, 생산량의 약36%, 수출량의 약 45%를 차지하고 있다. 특히 사우디아라비아는 매장량(약24%), 생산량(약13%), 그리고 수출량(16%)에서 세계1위 혹은 2위를 차지하고 있다. 더불어 미국 등 세계 주요 유전은 21세기 초반 혹은 중반에 고갈

된다고 하지만 중동의 석유는 앞으로 100년 이상 충분히 세계의 수요를 채울 수 있는 것으로 평가되고 있다.

가. 석유의 발견과 개발

중동의 석유개발의 역사는 1901년 영국의 기업가가 이란으로부터 독점개발의 이권을 획득한데서 시작된다. 영국은 중동에서 1908년 석유를 발견했다. 이후 1914년 앵글로-페르시아석유회사를 설립하고 지분의 51%를 차지했다. 현재 BP(영국석유회사)의 전신이다. 중동 석유의 두 번째 발견은 1927년 이라크에서였다. 제1차 세계대전 후에 영국과 프랑스는 메소포타미아의 석유를 독점하고자 했다. 하지만 미국이 전승국으로서의 지분을 요구해 분쟁이 발생했다. 8년여 갈등은 영국, 네덜란드, 프랑스, 그리고 미국이 이라크 석유의 지분을 균등히 나누는 것으로 정리됐다. 세 번째 석유 발견 장소는 1933년 바레인이었다. 미국이 영국보다 앞서 최초로 개발에 성공한 사례였다. 이어 미국은 사우디아라비아에서도 독점개발권을 획득하며 세계 최대의 석유회사 아람코(ARAMCO, 아라비아 아메리카 석유회사)를 설립했다. 거의 동시에 발견된 쿠웨이트 석유의 경우 BP와 미국의 석유회사들이 독차지했다. 이와 같이 20세기 초 중동에서 석유를 발견해 개발에 성공하고 유통까지 담당한 기업들이 소위 석유메이저(국제석유자본)로 부상하였다.

석유가 발견되고 생산되기 시작했다고 해서 중동 국가와 국민에게 큰 혜택이 돌아오지는 않았다. 중동은 소위 착취의 대상이었을 뿐

사우디아라비아에서 최초로 원유를 생산한 럭키 7 유정

이었다. 1940년대에서 70년대까지 주요 국제석유자본 즉, 미국 계열의 걸프오일, 캘리포니아 스탠다드오일, 뉴욕 스탠다드오일(현재의 엑손모빌), 뉴저지 스탠다드오일, 텍사코 5개 회사, 영국의 BP, 그리고 영국-네덜란드 자본인 로열더치셸이 세계 석유시장을 거의 독점했다. 이 7개 회사를 지칭하여 '세계적 주요석유회사(international major oil company),' 혹은 줄여서 메이저(major)라고도 한다. 당초에는 7개사를 지칭하여 '세븐 시스터스(Seven Sisters)'라고도 불렀다. 이 중 걸프오일이 1984년 셰브론에 합병됨으로써 1985년 이후부터는 6개 회사가 메이저로 활동하고 있다.

이들 메이저는 한때 중동 석유생산의 99% 이상을 장악하기도 했다. 걸프지역을 중심으로 주요 부족과 결탁해 지배계층으로 만들어주고 대부분의 수익금을 차지했다. 아랍 부족의 권력유지를 위한 자금을 제공하는 일종의 정치경제의 결탁 양상을 보여줬다. 석유의 시추, 개발 그리고 생산 기술이 없던 사막 부족은 국제석유메이저에 의존할 수밖에 없었다. 결국 지배부족은 사치를 행할 수 있을 정도의 돈을 얻을 수 있었지만 국가 개발이나 국민의 복지에까지 돌아갈 만한 여유자금은 없었다.

나. 석유 주권의 발판 OPEC

그러나 제2차 세계대전 이후 중동 각국이 독립을 쟁취하면서 상황은 바뀌기 시작했다. 민족주의를 토대로 한 자원민족주의가 고조됐다. 당시 주요 석유수출국이었던 베네수엘라의 이익균분주의가 주요 중동 산유국에도 파급되어 점차 자원 보유국으로서의 권리를 인식하게 되었다. 과거 서방의 오일 메이저가 개발 조차권을 차지하고 일부만 부족지도자에 배당하는 방식이 바뀌게 된다. 주권국가가 등장하면서 유전이 국유화되고 유전개발을 담당한 석유 메이저가 오히려 배당을 받아가는 방식으로 180도 전환된다. 더불어 1950년대 말부터 메이저가 아닌 독립 석유회사들도 등장해 생산에 참여하면서 생산자 및 생산지역의 다변화가 초래됐다. 또한 이들의 시장진출을 위한 가격인하로 인하여 메이저의 독점체제가 약화됐다. 석유카르텔 석유수출국기구(OPEC) 창설의 분위기가 마련된 것이다.

직접적 계기는 1959년 2월 유류소비촉진을 위해 메이저들이 공시가격을 인하한 것이었다. 석유 수익 감소로 인해 재정수입이 줄어들면서 산유국들은 반발했다. 이를 해결하기 위해 산유국들은 1959년

1월 카이로에서 제1회 아랍 석유회의를 개최했다. 회의는 산유국의 의사를 반영해 가격을 결정할 것을 메이저에 요구했다. 메이저의 반응이 긍정적이지 않다고 판단한 이라크, 쿠웨이트, 사우디아라비아, 이란 중동 4개국과 베네수엘라는 OPEC을 창설했다. 석유메이저에 대한 발언권을 강화해 원유 가격과 수출 수입을 늘리는 것이 주요 목적이었다. (현재는 4개 대륙에 걸쳐 12개 회원국이 있다.)

그렇다고 OPEC 창설이 즉각적으로 국제사회의 우려를 가져온 것은 아니었다. 설립 당시만 해도 OPEC에 대한 국제적 관심은 미미했다. 세계 언론도 이를 거의 다루지 않았다. 뉴욕 타임스조차도 OPEC의 설립에 대한 기사를 3주일이나 늦게 실을 정도였다. 그러나 1970년대에 들어와 상황은 바뀌었다. OPEC의 활동이 점차 본격화하면서 원유의 생산량과 가격결정에 대한 영향력을 확대해 나갔다. 석유메이저와 산유국 간의 관계는 1973년 제1차 석유파동을 겪으면서 큰 변동을 겪었다. OPEC가 석유 메이저에 정치적 승리를 거둔 것이다. 아랍-이스라엘 제4차 전쟁을 통해 아랍권 산유국이 이스라엘은 물론 친이스라엘 국가에 대한 석유수출을 중단하면서 유가는 1년 동안 약 4배가 인상됐다. 이후 유가는 떨어졌지만 1980년대 이란-이라크 전쟁으로 다시 상승하는 등 석유의 정치화를 통해 산유국은 막대한 오일달러를 거둬들였다.

2. 지대(地代)추구형국가의 한계

석유는 중동에 주어진 '알라의 축복'임에는 틀림없다. 사막에서 낙타와 양을 키우던 사람들이 최고급 승용차에 운전사와 가정부를 두고 살고 있다. 국가는 석유 수익 덕택에 충분한 예산을 가지고 지출을 행한다. 두바이에 세계 최고층 건물 부르즈 칼리파(Burj Khalifa)가 들어서고 사우디아라비아의 1인당 전력 소비는 세계 1위다. 그러나 이런 알라의 축복이 수십 년간 지속됐음에도 불구하고 아랍권 22개국에서 정치적으로 그리고 경제적으로 선진화된 나라는 찾아볼 수는 없다. 돈이 많은 나라는 있지만 선진국은 없다는 얘기다. 아랍은 우리보다 훨씬 먼저 서구화한 곳이다. 19세기부터 유럽의 식민지화가 진행됐기 때문이다. 더불어 우리보다 앞서 산업화가 추진된 곳이다. 각종 제조업 조립 산업이 일찍이 시작됐다. 마지막으로 막대한 석유수출을 바탕으로 1970년대부터 엄청난 자본이 있는 곳이다. 자본주의 시대에 가장 중요한 자본도 많던 곳이다. 그런데 정치적, 경제적으로 발전한 나라가 한 곳도 없다. 왜 그럴까?

가. 쉽게 버는 돈 렌티어 경제

앞에서 중동의 저발전이 이슬람 때문이 아니라고 설명했다. 그러면 이처럼 22개 아랍국가 모두가 정치경제적으로 저발전 상태에 있는 것을 어떻게 이해할 수 있을까? 독특한 중동의 정치경제 상황을 설명하는데 가장 많이 언급되는 이론이 지대추구형국가(Rentier State)

세계 최고급 호텔 두바이 부르즈 알-아랍의 로비 분수

다. 과세보다는 석유와 가스와 같은 천연자원의 수출을 통해 경제와 수입을 창출하는 국가를 언급하는 이론이다. 즉, 아파트의 세를 받듯이 렌트(지대 혹은 세)에 의존하는 경제와 정치 시스템을 가진 국가다.

정치경제학자들이 언급하는 대표적인 렌트 산업은 부동산, 관광업, 통관료 및 군사기지 제공, 그리고 천연자원 추출이다. 이들 산업의 가장 중요한 특징은 투입(input)보다 산출(output)이 상당히 크다는 것이다. 우리에게 익숙한 생산의 개념은 인풋이 100이라면 여기에 10 혹은 20정도의 부가가치를 얹어 110 혹은 120의 아웃풋을 만들어 내는 정도일 것이다. 그러나 이들 렌트 산업은 인풋대비 아웃풋이 상당히 크다. 하나하나 설명해 보겠다. 부동산의 경우 초기 인풋이 크지만 상당한 기간 아웃풋을 낼 수 있다. 예를 들어 아파트 10채를 구입하는데 많은 인풋이 들어가겠지만, 대를 이어 세를 받을 수 있다. 원래의 부동산 가격, 즉 인풋도 특별한 경우가 아니면 물가상승률을 따라 오른다. 궁극적으로 아웃풋이 상당히 커진다. 관광업도 그렇다. 호텔, 케이블카 등 초기투자비용은 상당히 크지만, 지속적인 투자 없이도 상당 기간 아웃풋을 낼 수 있다. 또 이집트와 같이 관광자원이 풍부한 나라는 힘들이지 않고 많은 관광객들이 방문해 외화를 쓰고 간다. 통관료에 의존한 경제도 그렇다. 예를 들어 수에즈 운하를 보자. 1869년 완공된 이 운하 건설에는 엄청난 비용이 들었다. 이집트 정부는 지나친 투자로 인해 파산상태가 되어 모든 지분이 프랑스와 영국에 넘어갔을 정도다. 그러나 지난 140년 동안 거둬들인 통관료는 엄청나다. 현재도 이집트 정부는 매년 50-60억 달러의 통관료 수입을 얻고 있다. 다른 형태로 군사기지를 제공해 투자 없이 수입을 얻고 있는 것도 지대형 경제에 포함된다. 군사기지를 건설하는데 당사국이 투자하지도 않았는데, 사용료를 받아들이는 것이다.

위의 4가지 대표적인 분야 중에서도 정치경제학자들이 가장 심각한 렌티어 국가로 보는 것이 석유, 가스 등 천연자원에 의존한 경제를 가진 나라들이다. 중동 국가들만이 여기에 해당하지 않는다. 나이지리아, 베네수엘라 등 자원에 의존한 나라들도 여기에 속한다. 최근 석유 수출을 많이 하고 있는 러시아도 이 부류에 가끔 포함될 정도다. 막대한 생산량을 자랑하는 석유와 가스는 이처럼 대표적인 렌트 산업이다. 중동의 유전개발 과정을 이해하면 이 렌티어 산업에 얼마나 큰 정치경제적 영향력을 가지는지 이해할 수 있을 것이다.

나. 아부다비의 유전 개발

사우디아라비아와 더불어 대표적인 산유국인 UAE의 아부다비 유전 개발 과정을 예를 들어 보겠다. 최근에는 사우디아라비아와 UAE도 일부 유전을 자체적으로 개발하고 있다. 그러나 지난 7-80여 년 동안 이들 국가의 유전개발은 유사한 형태를 가지고 있었다. 일단 유전 지역이 광구로 나뉜다. 순차적으로 개발하기 위해서다. 예를 들어 아부다비 정부가 '7광구'를 개발하려 한다고 가정해 보자. 아부다비 정부는 이 광구를 국제입찰에 부친다. 세계적 오일 메이저들이 단독으로 혹은 컨소시엄을 구성해 입찰에 참여할 것이다. 여러 과정을 거쳐 세브론이 이 광구의 개발권을 차지했다고 가정해 보자. 준비기간을 거쳐 광구개발이 시작될 것이다. 우선 광구에 대한 본격적인 탐사

사우디아라비아에서 우리 업체가 건설 중인 석유화학시설

작업이 진행될 것이다. 최첨단 과학기술이 동원된다. 그런데 이 탐사 작업을 누가 할까? 셰브론이다. 탐사가 끝나면 원유가 밀집된 것으로 추정되는 곳에 유정을 뚫는다. 시추(drilling) 작업으로 유정하나를 뚫는데 보통 7-800만 달러가 투입되어야 한다. 이 과정도 셰브론이 담당한다. 막대한 자본이 투입된다. 이 시추과정에서 영화에서 우리가 보듯 검은 물질이 올라올 것이다. 이런 현상이 발견되면 시험생산 시설을 갖춰야 한다. 유정의 경제성을 정확히 파악하기 위해서다. 이 시설 건설도 셰브론의 몫이다. 종합 분석 결과 유정의 경제성이 확인되면 최종 생산시설을 건설한다. 이것도 셰브론이 수행해야 하는 투자다.

이 전체 과정에 있어서 아부다비가 투입한 돈은 얼마인가? 사실상 제로에 가깝다. 입찰과정에서 커피 값을 썼을 수도 있지만 말이다. 그러면 수익 배분은 어떨까? 유전개발 계약서에 정확히 명시되는 부분이다. 복잡한 계약서에서 가장 중요한 부분이다. 나라에 따라 혹은 석유의 질 즉, 중질유 혹은 경질유에 따라 다르지만 아부다비 유전의 경우 계약서에 일반적으로 50과 10이라는 숫자가 있을 것이다. 50은 기간이고 10은 셰브론의 지분이다. 즉, 50년 동안 셰브론이 원유 생산량의 10%를 가지고 간다는 것이다. 이를 통해 셰브론은 투자비용을 보전 받고 이윤을 창출한다. 그러면 아부다비는 어떤가? 인풋은 거의 제로인데, 아웃풋은 원유 생산량의 90%를 받아가는 것이다. 너무나 쉽게 버는 돈이다. 인풋대비 아웃풋의 비율을 계산할 수도 없을 정도다. 쉽게 번 돈 흥청망청 쓸 수밖에 없다. 최고급 외제차에 호화로운 파티에 엄청난 낭비가 이어졌다. 지난 수십 년 동안 대부분 아랍의 산유국들은 이런 소비에 국부를 쏟아 붓는 실수를 범해 왔다.

다. 비효율적인 경제 운용

그러나 낭비와 과소비보다 더 심각한 문제가 있다. 이 같은 석유자원에 대한 전적인 의존은 아부다비 경제를 심각하게 왜곡시켜 왔다. 사우디아라비아와 마찬가지로 아부다비도 석유 및 가스 그리고 유관 산업이 전체 GDP에서 약 60%를 차지한다. 여기에 한 가지 더 추가할 변수가 있다. 아부다비뿐만 아니라 중동국가의 유전은 모두 국영이다. 민간 유전은 단 한 곳도 없다. 유전 개발 과정과 위의 두 변수를 종합해 보면, 아부다비의 전체 GDP에서 60%를 국가가 생산하고 있다는 결론이 나온다. 때문에 지대추구형 국가는 우리가 가지고 있는 국가의 개념과 상당히 다르다. 소위 '근대국가' 개념에서 국가의 기능은 상당히 제한적이다. 생산의 주체인 민간의 보조역할을 한다. 생산 활동을 위해 국가는 인프라 건설과 치안 및 안보를 주로 담당한다. 대신 세금을 거둬 정부, 군대 등 국가 기관을 운용한다. 그러나 지대

쿠웨이트의 해방 타워

추구형 국가에서는 국가가 최대 생산자이자 최대 분배자 역할을 하고 있다. 우리와는 또 근대국가의 개념과는 상당히 다른 국가의 역할을 우리는 중동에서 볼 수 있다. 여기서 중동 경제의 여러 특성이 등장한다. 이슬람이 아니라 렌티어 생산구조가 만들어낸 이런 중동 경제의 특성이 중동 저발전의 가장 직접적인 배경이라고 할 수 있다.

(1) 강력한 국가주도형 경제

석유 의존적 경제구조의 직접적인 결과 중 하나는 정부의 경제적 역할과 비중이 매우 높다는 것이다. 더욱이 에너지 산업이 정부재정이나 수출에서 차지하는 비중은 GDP에서 차지하는 비중에 비해서도 훨씬 높다. 전체 재정규모 중 석유부문으로부터의 수입이 차지하는 비중은 70~90%에 이른다. 수출에서 차지하는 비중 역시 대부분의 경우 60%를 웃돈다. 지대추구형 국가에 나타나는 대표적인 현상이다. 석유가 렌트(임대료)를 제공하는 역할을 하는 것이다. 국가가 석유를 팔아 월세처럼 돈을 벌어들이고 이를 국민에게 배분하는 형태를 의미한다. 즉, 정부가 석유나 가스 등 천연자원을 판매하여 그 수익을 직간접적 형태로 국민에게 배분하는 것이다. 이 경우 생산, 교환, 분배의 모든 영역에서 정부가 큰 비중을 차지할 수밖에 없다. 정부는 대규모 산업시설을 직접 설립하고 경영할 뿐만 아니라, 공공서비스를 제공하고 인프라를 확충하고 더 나아가 정부는 국민들에게 일자리를 최종적으로 보장하는 역할까지 하게 된다.

사우디아라비아나 UAE는 사회주의나 공산주의 국가가 아님에도 국가주도형 경제 구조를 가지고 있다. 오히려 사회주의 국가보다 더 강력한 국가의 기능과 역할을 가지고 있다. 2차 세계대전 이후 사회주의 국가주도형 경제가 성공하지 못한 것처럼, 이보다 더 강력한 국가의 기능을 가진 중동 경제가 성공하긴 불가능했을 것이다. 실제로 중동 지역에 있어서 이러한 정부의 과도한 경제적 개입이 성공적이지 못하였다. 최대 생산자이자 최대 분배자인 국가의 역할로 인해 국민들은 정부에 의존하며, 생산적 활동에는 적극적인 자세를 보이지 못해왔다. 즉, 강력한 국가주도형 경제는 궁극적으로 민간부문의 성장을 위축시켜 경제의 활력을 저하시키는 결과를 가져왔다.

(2) 거대한 공공부문의 비중

국가가 최대 생산자이고 분배자이다 보니 중동 산유국에서는 정부의 경제개입이 매우 광범위하고 공공부문의 비중이 지극히 높다. 최대 산업 에너지 분야를 포함한 생산과 공공서비스 제공 등 분배가 거의 대부분 공공부문을 통해 이뤄진다. 걸프지역 산유국의 경우 GDP 중 정부지출 비중이 지난 30여 년간 계속 20~25% 수준이었다. 동아시아, 남아시아, 남미보다 2배 이상 높은 수준이다. 지난 수년간 우리 기업이 중동에서 매년 300억 달러 이상의 건설 및 플랜트 수주를 해오고 있지만, 민간에서 수주한 것은 사실상 거의 없다. 민간기업의 형태를 가지고 있더라도 최대 주주나 투자자가

쿠웨이트의 한 기업 앞에 세워진 리무진

정부인 경우가 대부분이다.

문제는 공공부문에는 경쟁시스템이 사실상 없다는 것이다. 공공부문은 보통 '위로부터' 섹터별로 나뉘어져 있다. 경제의 가장 큰 부분을 담당하고 있는 공공부문에 경쟁이 없다는 것은 효율적 운용이나 생산성 제고를 기대하기 어렵다는 것이다. 수십 년 동안 경쟁이 없고 효율적으로 운영되지 않고 있는 공공부문이 중동 경제를 주도해 왔다는 것이 왜 중동 경제가 막대한 자본을 가지고 있음에도 빠르게 발전하지 못하고 있는지를 설명해 준다.

(3) 외국인 노동에 대한 의존

산유국의 길거리에서는 일하는 현지인을 거의 볼 수 없다. 현지인의 실질적 경제활동참가율이 상당히 낮다. 외국노동력에 대한 의존도가 높다. 특히 육체적 노동에 대해서는 심한 반감을 가지고 있다고도 할 수 있다. 사막의 거친 삶 탓도 있다. 양을 치고 우유를 짜고 50도가 넘는 곳에서 땔감을 구하러 다니는 등의 생활에 대해 유목민들은 신물이 난 상태다. 정착하고 살면서도 아직까지 중동인은 밭이나 공장에서 일하는 것을 극히 싫어한다. '팔라흐(농사꾼)'라는 단어는

버스를 타기 위해 뛰는 두바이의 외국인 근로자

사실 무식하고 별 볼일 없는 사람이라는 의미로 쓰일 정도다. 중동에서 가장 유명한 문학작품 '천일야화'에도 노동자로 사는 것이 인간이 가질 수 있는 최악의 운명이라고 암시하는 구절이 종종 나온다.

날씨 탓도 있다. 여름에는 인간이 견디기 힘든 온도까지 올라가고 낮과 밤의 일교차가 심해 사실 중동 지역은 육체노동에는 적합하지 않은 곳이다. 최근 국제인권기구의 권고에 의해 걸프 아랍 국가들이 대낮에는 육체노동을 금하는 법을 시행하고 있을 정도다. 산유국 대부분 국가에서 육체노동을 동남아 출신 외국인 노동자가 담당하고 있는 이유도 여기에 있다. 돈이 있어도 많은 것에 신경을 쓰고 발로 뛰어야 하는 제조업은 기피한다. 이런 점이 중동의 근대화 과정에 부정적인 영향을 주었다고 주장하는 학자도 적지 않다.

이런 노동 기피증으로 인해 유목 생활에서 벗어나 정착생활을 하면서 중동인의 체형은 급격히 변했다. 근육을 쓰지 않는 일을 좋아하고 유제품 등 칼로리 높은 음식을 섭취하는 '뚱보 지역'으로 변모하고 있다. 작고 깡마른 체구에 강인한 인상을 풍기는 유목민의 전형적인 체형은 노동자에게서나 발견할 수 있다. 아직 상당수 국가에서는 여성에 대한 미의 기준이 풍만함에 있다. 하얀 둥근 얼굴에 통통한 여성이 인기가 높다. 이 같은 성향 때문에 사우디아라비아 등 많은 국가에서는 '살을 빼자'라는 TV 캠페인이 최근 자주 등장하고 있다.

아부다비의 여성 경찰. 최근 여성들의 사회진출이 가속화하고 있다.

비만과 동반한 당뇨병 등 의료비로 들어가는 사회적 지출이 지나치게 높아지고 있기 때문이다.

석유가 발견되고 정부로부터 보조금을 받기 시작하면서부터 노동기피증은 더욱 악화했다. 현지인의 경우 국가가 기본적인 생활을 보장하고 상당정도 고용을 보장하기 때문에 경제활동에 적극적으로 참가할 유인이 매우 낮다. 정부가 일정 정도의 생활수준을 보장할 경우 교육이나 인적자본의 축적 유인은 약화될 수밖에 없다. 대부분의 걸프지역에서 현지인에 대해서는 대학교까지 무상교육이 실시되지만 고등교육까지 이수하는 비율은 비슷한 소득수준을 가진 국가에 비해서 훨씬 낮다. 이처럼 낮은 경제활동 참가 유인과 인적자본 축적 유인 때문에 현지인의 노동생산성은 낮을 수밖에 없고 이것이 민간부분의 성장을 제한하는 중요한 요인으로 작용하고 있다.

중동인의 노동기피 현상이나 낮은 노동생산성은 결국 외국노동력에 대한 높은 의존으로 나타나고 있다. 이란을 제외한 대부분 산유국에서는 생산직 노동의 대부분을 인도를 비롯한 남아시아나 인접한 아랍국가에서 유입된 외국노동력에 의존하고 있다. 걸프 GCC지역의 전체 인구 중 약 63%가 외국인으로 구성되어 있다. 노동인력 중 외국인의 비중은 이보다 더 높아 평균적으로 75%에 이르고 있다.

이 때문에 산유국의 실업률은 생활수준에 비해 상당히 높다. 신뢰할만한 공식적인 통계가 없지만 평균 10% 내외로 추정되고 있다. 자국민만을 대상으로 할 경우 실업률은 30% 수준에 이를 것으로 추정되고 있다. 정부의 현지인 인구증가 정책과 문화적인 특징으로 인해 걸프지역의 인구증가율은 세계에서 가장 높은 수준이다. 그러나 인구 증가에도 불구하고 새로운 일자리는 크게 늘어나지 않아 청년층 실업문제가 심각한 사회문제로 대두되어 있다.

(4) 세금이 없는 천국

대부분 중동의 산유국은 국민에게 세금을 거두지도 않는다. 있다고 해도 상당히 상징적인 수준에 머물고 있다. 중동 산유국의 조세구조를 보면 소득세나 부가가치세와 같은 직접세가 아예 없거나 있어도 매우 낮다. 오히려 쿠웨이트와 같은 나라는 가끔 국민들에게 보너스를 주기도 한다. 여러 차례에 걸쳐 석유 수익을 국민주 형태로 각 가정에 나눠주었다. 그 금액이 한 번에 가정 당 2-3만 달러에 달하기도 한다. 세금도 없고, 정부의 복지제도는 훌륭하고, 때론 보너스까지 받으니 중동의 노동윤리(work ethics)는 다른 어떤 지역에 비해서도 상당히 부정적이다.

때문에 에너지 수출로부터 벌어들이는 수입이 재정의 주요 원천이 될 수밖에 없다. 한국을 방문하는 중동 산유국 지도자나 장관들은 한국의 적극적인 대중동 투자를 요청한다. 엄청난 오일머니와 이를 바탕으로 한 1조 달러 이상의 국부펀드를 가지고 있는 아부다비 장관도 마찬가지다. 사실 우리 눈에는 중동 국가의 오일머니가 차고 넘치는 것으로 보이지만 그렇지 않다. 국민의 복지와 인프라에 투자하기에 바쁘다. 세금도 거두지 않으니 투자할 돈이 그리 넉넉지 않다는 것이다.

(5) 뒤쳐진 민주화

천연자원에 대한 의존으로 대표되는 중동의 지대추구형 국가 모델은 아랍의 뒤쳐진 민주화의 원인이기도 하다. 다시 언급하지만 이슬람 때문이 아니라 중동의 정치경제적 특성이 비민주화의 배경이라는 점이다. 민주주의의 역사를 잠깐 들여다보면 그 이유를 알 수 있다. 고대 그리스시대의 직접민주주의가 아닌 근대 민주주의의 역사는 산업혁명으로 시작된다. 산업혁명으로 대량생산 수단을 갖게 된 민간이 전체 국가의 부를 상당부분 생산하게 된다. 이들 신흥상공세력이 국가권력에 도전하기 시작한다. 자신들이 생산의 주체인데 주권이 군주 개인에 있는 것에 대해 불만을 가진 것이다. 권력의 분배를 요구하게 되고 결국 주권이 국민에게 이전되면서 민주주의가 실현된다.

유럽의 경험과 역사에 따르면 민주주의의 가장 중요한 전제 조건은 민간의 생산능력이 국가보다 절대적으로 커야 한다. 그런데 중동은 다르다. 앞에서 언급한 바와 같이 중동 산유국에서는 아직도 국가가 최대 생산자이자 분배자다. 천문학적인 오일머니가 산유국의 정부 요직을 담당하고 있는 왕족 혹은 소수 권력층에게 집중되어 있다. 가장 강력한 부족 혹은 가문이 국가의 지배층이 되는 세습왕정 정치제도 하에서 국가의 재정수입은 우선적으로 왕족의 손을 거치게 된다. 유전 개발자체도 왕족과 외국 석유메이저와의 대규모 계약 체결로 시작되어 왔기 때문에 정치 지도자들의 이해를 우선시하고 있다. 중동은 아직 유럽이 산업혁명 이후 거쳤던 그런 단계에도 미치지 못한 상황이라고 할 수 있다. 민주주의를 위한 경제적 환경이 아직 마련되지 않은 것이다.

경찰서에서 치러진 이집트의 투표 모습, 몇 번을 찍는지 주변 사람이 다 볼 수 있다.

사우디아라비아, UAE, 쿠웨이트 등 주요 산유국 왕족은 석유 자원을 통치의 수단으로 삼아 왔다. 석유를 이용해 권력을 더욱 강화해 왔다. 국가의 최대 생산 수단인 석유를 독점함으로써 이를 바탕으로 국가와 국민을 통제해 왔다. 농업 등 다른 생산수단을 가지지 못한 사막 지역에 사는 일반 국민들은 석유를 장악한 국가에 도전하기가 어렵다. 지배층의 재화 분배에 의존하게 된다. 현재까지 걸프 왕정국가는 비교적 안정적인 왕정을 지속할 수 있었고 민주화를 거부해도 큰 정치적 도전을 받지 않아 왔다. 국가 내에서 경제적 종속관계가 있기 때문이다. 소득의 상당부분을 국가의 분배에 의존하는 국민으로서는 힘이 없는 것이다. 이 같은 생산 수단과 부의 원천을 둘러싼 지배와 피지배의 관계는 이미 50여년 이상 대부분 걸프국가 국민을 길들여 왔다. 고유가로 인한 막대한 원유수입이 아직도 왕족에 의해 좌지우지되어도 큰 정치적 소요가 없는 이유도 여기에 있다. 왕족들이 엄청난 개인 재산을 축적할 수 있는 배경이기도 하다. 왕족인 아닌 일반인이 큰 사업에 성공한다는 것은 자금원인 왕족들과의 친밀한 관계가 있어야 하는 경우가 많다. '중동에서 성공하려면 힘 있는 왕자를 잡아야 한다'고 우리 건설업체 관계자들도 자주 말하곤 한다.

3. 양날의 칼 석유

석유 및 가스자원은 분명히 중동인들에게 축복이다. 그러나 이런 천연자원에 대한 지나친 의존은 경제의 불안정성을 야기해 왔다. 국제유가의 등락에 따라 경기가 크게 요동 칠 수밖에 없다. 국제유가가 급등한 1970년대에 중동은 동아시아 다음으로 높은 경제성장률을 기록했다. 그러나 저유가 시대라고 할 수 있는 1980 년대 중반 이후 약 15년간 세계에서 가장 낮은 경제성장률을 기록한 지역 중 하나였다. 이 기간 동안 중동 지역의 1인당소득 연평균 증가율은 1%내외에 불과했다. 그리고 국제유가가 다시 급등한 2000년 이후에는 높은 성장률을 기록해 왔다. 그리고 세계경제위기가 시작된 2008년 중반에는 다시 성장률이 하락하고 있다.

가. 석유의 산유국 경제 왜곡

고유가가 또 국민의 삶에 절대적으로 도움을 주는 것만도 아니다. 대다수 산유국은 오일머니의 급증으로 고율의 인플레에 시달리고 있다. 유가 상승이 원자재 등 다른 상품 가격의 동반 상승을 초래해 수입 의존도가 높은 산유국들의 국민에게 큰 고통이 되고 있는 것이다. 사우디아라비아의 인플레율은 최근 수년간 10%를 넘어섰다. 최근 수년간 식량, 연료 등 생필품 가격이 폭등했다. 사우디아라비아 정부조차 가파르게 오르는 물가가 경제를 위협하는 최대 요인으로 보고 있을 정도다. 오일 머니 유입은 부동산 가격 상승 등을 야기해 직간접적으로 빈부격차를 심화시키는 원인도 되고 있다. 실제로 주요 산유국에서 빈부 격차가 많이 벌어지고 있다는 통계가 나오고 있다.

결과적으로 고유가는 사우디아라비아와 같은 석유대국에도 양극화현상을 부추기고 있다. 유가 100달러를 넘겼지만 상황은 예전보다 악화됐다. 걸프연구소(Gulf Research Center)에 따르면 2012년 소득 상위 10%와 하위 그룹 10% 사이의 격차는 40배 이상 달한다. 사우디아라비아 국민의 절반 정도가 남의 집에 세 들어 살고 있다는 통계도 있다. 봉급이 치솟는 물가를 따라가지 못하고 있다. 중산층들은 휴가를 내고도 여행을 가지 못하는 상황이 발생하고 있다. 엄청난 복지제도에도 불구하고 실업자가 많아 수입이 거의 없는 빈민들도 늘고 있다. 바닷물을 담수화해 공급되는 상수도의 경우도 부족사태가 발생하고 있다. 리야드와 제다의 빈민 지역들이 물을 얻기 위해 몇 시간씩 줄을 서 기다리는 경우도 있다. 문제는 사우디아라비아 정부가 이런 빈민층의 수가 몇 명인지조차 파악하지 않고 있다는 점이다. 자국의 어두운 면을 알리는 것은 사회적으로 금기시돼 있다.

나. 석유와 국내정치의 불안요소

문제는 국제유가 급락으로 경제성장률 자체만 하락하는 것이 아니라는 점이다. 경제는 물론이고 사회 전체의 근간이 흔들릴 수도 있다. 석유 대국 사우디아라비아에 테러가 등장한 것도 1990년대 부터였다. 그 이전에는 사우디아라비아에서 테러가 발생한 적이 없었다. 저유가로 정부의 재정상태가 악화하면서 국민에게 돌아가던 혜택에 급격히 줄어들었기 때문이다. 사회 이곳저곳에서 불만세력이 등장했고 이들 중 일부가 정부 및 외국 업체와 직원에게 테러공격을 감행하기 시작한 것이다. 따라서 국제유가의 급락을 막는 것은 체제의 안정과도 직결되기 때문에 그것이 정부의 가장 중요한 정책 목표가 될 수밖에 없다.

고유가는 중동 국가에 재정적 여유 그리고 국민에게는 물질적 풍요로움을 가져다준다. 그러나 높은 석유가격이 국가에 긍정적인 것만은 아니다. 삶의 질이 높아질수록 자유와 개방에 대한 국민의 요구는 거세지게 마련이다. TV, 인터넷 등 통신 및 정보수단이 확산되면서 대중은 정부의 정책과 국제적 가치에 관심을 가지게 된다. 생활수준이 지극히 높은 쿠웨이트에서 최근 여성의 선거참여, 정당정치, 여권신장 등의 현상이 나타나고 있음은 이를 반증한다. 반면 아직 다른 걸프 산유국은 여성의 참정권은 물론 정당설립조차 불허하고 있다. 때문에 대부분 이들 국가에서는 인터넷 활동을 감시하는 국가정보기구의 역할이 더욱 커지고 있다.

다. 석유와 중동 지역 정세

석유는 또 중동 정세의 불안정 요소로 작용하기도 했다. 지정학적인 불안정성은 중동 경제의 안정성을 약화시키는 또 하나의 요인이 돼 왔다. 우선적으로 석유를 차지하기 위한 서구 열강의 경쟁은 중동 지역을 패권의 전장으로 만들었다. 유럽 국가가 중동의 식민지화에 열을 올렸고, 뒤이어 미국이 유전을 차지하기 위해 뛰어들었다. 석유

메이저와 유전지역의 부족이 결탁해 민족에 기반을 두지 않은 국가가 만들어지면서 갈등의 씨앗을 뿌려놓았다. 중동 지역의 국경선은 서구가 일방적으로 획정한 직선으로 돼 있는 경우가 많다.

서구 정치세력 혹은 석유자본과 결탁해 생성된 상당수 정권은 민중의 뜻을 무시하고 독재성향을 보여 왔다. 석유 수입을 장악한 이들 정권은 가문 혹은 부족의 이권을 유지하기 위해 부자세습이라는 권력승계 방식을 채택해 왔다. 독재를 유지하기 위해 대부분 왕족과 군사정권은 비민주적 철권통치를 일삼아 왔다. 이에 반발한 야권 및 시민단체들은 이슬람을 이념으로 하는 반정부 활동을 펼쳐왔고 일부 단체는 극단적인 테러 활동을 감행하고 있다. 이들 독재 정권은 또 친미 혹은 반미 등 각종 이념적 그리고 종교적인 문제로 서로 충돌을 벌이기도 한다. 이집트-예멘 갈등, 이란-이라크 전쟁, 이라크의 쿠웨이트 침공, 최근의 시아파 이란과 수니파 아랍권과의 갈등 등이 발생하고 있다.

그러나 더욱 큰 문제는 석유 이권을 놓고 발생하는 국제적 분쟁이다. 1948년 이스라엘 국가 설립 이후 아랍과 이스라엘 간 4차례의 전쟁이 있었다. 영토분쟁의 성격을 가지고 있지만 중동 석유이권을 유지하고자 하는 미국 주도 서방국가는 일방적으로 이스라엘을 지지해 왔다. 더불어 9.11테러에 대한 응징이라는 명분은 있었지만 미국의 2001년 아프가니스탄 침공 그리고 2003년 이라크 침공은 분명히 석유에 대한 미국의 패권확대 노력의 일환이다. 최근 이란 핵문제에 대한 미국의 고강도 압박도 이라크와 카스피 해의 유전 통제권을 보다 안전하게 확보하겠다는 의지표현이다.

석유로 벌어들인 돈은 서방에 매혹적인 부분이다. 제조업이 발달하지 못한 중동은 대부분 공산품을 서방 및 신흥 공업국으로부터 수입한다. 또한 정세가 불안하면서 전 세계에서 미국뿐만 아니라 유럽의 무기를 가장 많이 수입하는 곳이다. 특히 미국에게는 중요한 사안이다. 현재 미국이 최대 비교우위를 가진 제조업 분야는 군수 및 방산 관련분야다. 자동차, 전자, 섬유, 조선 등은 모두 일본, 한국, 중국 등에 내주었다. 군수산업도 다른 분야와 마찬가지로 수요를 필요로 한다. 분쟁 혹은 전쟁 아니면 최소한 긴장과 위기이다. 더불어 무기를 사갈 수 있는 구매력을 가진 나라 혹은 지역이어야 한다. 딱 맞아 떨어지는 지역이 바로 중동이다.

04

아랍의 상인정신

1. 아랍의 유명한 제조업 회사는?

앞의 강의에서 중동의 정치경제 저발전의 배경을 설명하는데 지대추구형국가 이론을 소개했다. 지대추구형 경제의 대표적인 현상 중 하나가 지나치게 비대한 공공부문이라는 점도 언급했다. 경쟁 체제가 아닌 공공부문이 산유국의 경제를 주도하다 보니 효율적인 경제 운용이나 발전이 쉽지 않았다고 설명했다. 그러면 다른 질문이 있을 수 있다. 민간부문이 경제를 주도하면 될 것 아닌가? 유럽의 역사를 보아도 그리고 우리의 20세기 경험을 보아도 민간이 경제발전을 주도했다. 그러면 지난 수십 년 동안 중동의 민간부문을 무엇을 하고 있었나? 민간이 다른 나라들처럼 산업발전에 노력했다면 중동 경제도 어느 정도 발전할 수 있었을 것이다.

이와 관련해 아랍에 있는 세계적인 민간 제조업 회사 혹은 유명한

사우디 수도 리야드의 한 시장에서 즉석 경매가 이뤄지고 있다.

브랜드 네임 하나만 들어보자. 답은 '없다'이다. 그럴듯한 제조업 회사가 아랍권 22개국을 전체를 둘러봐도 있다. 사우디아라비아의 글로벌 석유회사 아람코, 석유화학회사 사빅(Sabic) 등이 있지만 이들 모두 공공부문이고 또 에너지 관련 부문이다. 아랍에는 22개국의 나라가 포함된다. 대서양에서 인도양까지 널리 펼쳐져 있는 지역이다. 이렇게 많은 나라가 있는데 왜 단 한 개의 유명한 제조업 회사 이름을 발견할 수 없을까? 이 때문에 특별히 유명한 브랜드 네임도 없다.

또 앞서 언급한 바와 같이 아랍은 19세기에 이미 유럽의 영향을 받아 서구화한 나라들이고 산업화도 우리보다 훨씬 먼저 시작한 곳이다. 여기에 엄청난 자본도 있다. 그동안 아랍의 산유국이 벌어들인 오일머니를 생각해보자. 요즘은 제2차 혹은 제3차 오일쇼크라는 말도 유행할 정도로 유가가 100달러를 상회하고 있는데도 말이다. 제1차 오일쇼크는 1973년이었다. 사우디아라비아를 주축으로 한 중동의 산유국이 이스라엘과의 갈등을 빌미로 석유를 정치화하기 시작한 해였다. 물론 저유가 시절도 있었지만 그 때부터 현재까지 35년간 중동으로 흘러들어간 석유대금은 계산하기조차 어려울 정도다. 수십조 달러는 족히 될 것이다. 2012년 사우디아라비아 한 나라의 석유수출은 약 3500억 달러를 넘었다. 그 엄청난 오일머니를 가지고도 제대로 된 제조업 회사가 아랍 22개국 중 단 하나도 없다는 것을 어떻게 설명할 수 있을까?

특히 자원도 없었고 자본도 없었던 극동의 작은 나라 한국도 웬만한 세계인이 알 수 있는 삼성, 현대, LG, 대우 등 10여개의 제조업체

모로코의 올리브 상인

와 브랜드가 있는데 말이다. 외화가 없어 사정하듯 미국과 국제사회에 돈을 빌려 산업을 일으킨 한국과 비교하면 정말 이해가기 어려울 정도다. 우리는 월남에 군대를 보내고 많은 청년들의 '피 값'으로 받은 돈으로 고속도로 등 하부구조를 건설했다. 1970년대와 80년대에는 열사의 중동에 수백만의 근로자가 나가서 달러를 벌어들여 산업에 투자했다.

많은 국내외 경제학자들이 아랍 경제의 낙후성을 분석하려고 시도했다. 국가주도의 발전전략, 석유에 대한 지나친 의존, 비효율적인 경제운용, 교육의 부재, 부족한 근면성 등 다양한 해석을 내놓았다. 그러나 이런 변수를 아랍 전체에 적용하기는 어렵다. 일부 서방의 학자들은 이슬람 종교에서 그 이유를 찾는다. 하루에 5번(실제로 각 기도에 걸리는 시간은 5분 이하) 기도하고 1년에 한 달을 단식하는데 어떻게 생산활동을 제대로 할 수 있느냐는 것이다. 그러나 이슬람의 렌즈를 끼고 아랍 정치경제를 분석하는 것은 적절치 않다고 앞에서 설명했다. 또 나라마다 경제 환경에 큰 차이가 있기 때문에 이슬람을 변수로 보는 것은 무리라고 할 수 있다. 산유국도 있고 석유가 전혀 없는 중동국가도 있다. 사회주의 경제체제를 받아들인 나라도 있고 개방정책을 추진해온 나라도 있다.

경제학자들에게는 좀 어색한 문화적 접근법이라고 할 수 있겠지만, 중동인의 정신세계에서 그 답을 찾아 볼 수 있다. '머천트(merchant) 마인드'다. 상인 정신이라고 할 수도 있고 좀 비하한다면 '장사꾼' 마인드라고도 표현할 수 있다. 중동의 경제 전반과 그 역사적 배경을 이해하고 현재 중동 경제의 문제점을 파악하는데 있어서, 중동인의 상업 관행과 마인드를 이해하는 것은 필수적이다. 한 마디로 요약하면 '사막에 사는 유목민의 마인드'가 아직도 중동경제에 큰 영향을 미치고 있다는 것이다.

2. 아라비안 머천트

아랍의 상인정신은 이슬람 종교와 직접적인 연관이 없다. 알파벳을 발명한 페니키아인들처럼 이슬람 이전 시대의 사람들도 상업을 중시해 왔다. '이슬람 상인' 혹은 '무슬림 상인'이라는 말 대신 '아라비아 상인,' '유대인 상인,' '페르시아 상인' 등의 표현이 더 많이 쓰이는 것은 이런 전통이 이슬람적인 것이 아니라 중동의 전통임을 말해 준다.

바레인 시장의 대추야자 등을 파는 건과물 상점

알제리의 여성 스카프 방문 판매자, 장사를 선호하는 사람들이다.

가. 사막에서 출세하려면?

중동의 지나친 상업 중심의 경제와 마인드는 환경과 직접적인 관련이 있다. 사막 지형이 전체 지역의 90%정도를 차지하는 것이 원인이라는 것이다. 산업혁명 이전에 인류의 가장 중요한 생산 수단은 토지였다. 농업이 최대 산업이었다. 그러나 중동에서는 토지가 큰 의미가 없다. 강 유역에 사는 사람들을 제외하곤 말이다. 사실 중동의 상업 전통은 수천 년 전으로 거슬러 올라간다. 물론 세계에서 가장 오래된 문명인 메소포타미아는 농업을 기반으로 했다. 현재의 이라크 지역인 이곳에는 유프라테스와 티그리스 강이 있었기 때문이다. 그 이후 발전한 이집트 문명도 마찬가지다. 나일 강과 매년 발생하는 범람으로 비옥한 토지를 가진 당시로 말하면 농업 대국이었다.

이란 수도 테헤란 바자르 시장

그러나 큰 강이나 대규모 농지가 없던 나머지 대부분 중동지역은 이런 농업이 발달하지 못했다. 이 때문에 부를 축적하거나 이를 바탕으로 권력을 차지하기 위해서는 다른 생산수단 즉 장사가 필수적이었다. 중동의 무역 혹은 상업 관행은 오랜 역사를 자랑한다. 알파벳의 원형이 된 문자를 만들었던 페니키아인들도 무역으로 부를 축적했다. 이를 바탕으로 기원전 15세기경에 22개의 자모로 이루어진 고유한 문자 체계를 발명했다. 후에 그리스인들이 이 표기법을 채택하여 오늘날 로마자 알파벳의 원형이 되었다. 페니키아인들은 오늘날의 시리아와 레바논 해안지대에 살면서 주로 지중해를 통한 해상 무역에 종사했다. 당시 이집트 고왕국의 제4왕조(기원전 약 2500년 전 전후)와 상업 교역이 있었던 것을 말해주는 사료도 있다. 이 보다 훨씬 이전에 있었던 이집트 문명의 벽화에도 무역 혹은 교역의 장면이 자주 등장한다. 사막에 사는 많은 부족들은 이처럼 무역에 의존해야 했다. 특히 중국과 인도를 거쳐 유럽까지 이어지는 실크로드 인근에 걸쳐 사는 부족은 무역을 최고의 경제활동으로 여겼다.

나. 상권다툼으로 등장한 이슬람 종교

위에 언급한 바와 같이 상인 정신은 이슬람이 발현한 7세기 초 이전에도 존재한 중동의 오랜 전통이다. 그러나 이슬람은 이 전통을 더욱 확실하게 정착시켰다. 국가경제 전반은 물론 사회 그리고 개인의 가치관에도 '정당한' 경제수단으로 자리 잡게 했다. 이슬람의 출현이 무역 그리고 이를 둘러싼 이권다툼 때문이라고 사회학적으로 분석될 수 있기 때문이다.

이슬람은 사우디아라비아 서북부 메카와 메니다 지역에서 시작됐다. 유목을 하고 오아시스 주변에서 소규모 농경생활을 하던 이 지역의 쿠라이쉬 부족의 삶에 6세기부터 큰 변화가 일어났다. 메카가 갑자기 중개 무역의 중심지로 부상했기 때문이다. 그 배경은 아라비아 반도 북부의 오랜 전쟁 때문이었다. 현재의 터키와 이스라엘 지역까지 아우르던 비잔틴제국과 지금의 이란과 이라크를 차지했던 사산제국과의 전쟁이었다. 200여 년간 지속된 두 제국의 전쟁은 중동의 무역에 악영향을 주었다. 양 제국을 관통하던 실크로드도 끊겨버렸다.

무역상들은 전쟁터를 피해 다른 무역로를 찾아야 했다. 그 대안은 남쪽에 있었다. 사산제국 남부 즉, 현재의 이라크 남부를 통해 아라비아반도 해변을 따라 우회하는 길이었다. 지금의 쿠웨이트, 아랍에미리트, 오만, 예멘을 거쳐 북으로 올라가 요르단과 시리아를 통해 이탈리아까지 향했다. 때론 험난한 아라비아반도 내륙의 사막(현대의 사우디아라비아)을 횡단하기도 했다. 마지막 대안은 인도와 페르시아 남부 혹은 멀리 중국에서 배로 오만 지역으로 물품을 나르는 '해상실크로드'였다. 이 세 가지 대안은 모두 아라비아 반도의 서북부 메카를 지날 수밖에 없었다.

자그마한 유목 및 농촌마을은 메카는 상인들로 들끓기 시작했다. 중개무역을 위해 상점이 들어서고 숙박시설 그리고 음식점이 급증했다. 다신교와 토템을 믿던 중동 여러 지역의 무역상들은 자신들의 우상을 아예 메카에 모셔놓기도 했다. 그 장소가 바로 현재도 매년 수백만의 무슬림들이 성지순례를 가는 카바 신전이다. 당시 신전을 포함해 메카의 상업과 행정을 관리하던 가문은 쿠라이쉬 부족 내 우마위야였다. 570년 무함마드는 쿠라이쉬 부족 내 하심 가문에서 태어났다. 두 번째 권력을 가진 가문이었지만 큰 부를 누리지는 못했다. 유목 부족의 가부장적 전통에 따라 쿠라이쉬 부족 내 최대가문인 우마이야가 많은 것을 독차지했다. 무함마드 개인의 삶도 평탄치 않았다. 아버지는 그가 태어나기 전 죽었다. 어머니도 무함마드가 6세가 되던 해에 세상을 떠났고, 8세가 되던 해 그를 맡아 키워주던 할아버지마저 숨을 거두었다. 이후로는 삼촌 집에서 성장했다.

라마단 달의 장식용 등인 파누스 상점

무함마드의 꿈은 큰 상인이 되는 것이었다. 개인적으로 어려운 삶을 이겨내기 위해 또 '넘버 투' 가문의 설움을 극복하기 위한 유일한 길은 그것뿐이었다. 집안의 일이기도 했다. 무함마드의 아버지와 할아버지도 모두 상인이었다. 그는 글도 배우지 않고 장사에만 몰두했다. 그러나 권력을 독차지한 우마위야 가문의 벽을 넘는 것은 쉽지 않았다. 여러 번 장사에 실패하고 대상의 일꾼으로만 일하는 어려움을 겪던 무함마드는 25세 나이에 중대한 결정을 내렸다. 결혼을 하는 것이었다. 큰 대상인 과부 카디자와 결혼을 결심했다. 남성중심의 가부장적 사회에서 25세 청년이 40세의 여성, 그것도 과부와 결혼하는 것은 극히 이례적인 일이었다. 현재 한국사회에서도 쉽지 않은 일을, 무함마드는 극히 보수적인 중동에서 감행한 것이다. 그리고 중동은 일교차가 심해 피부는 물론 몸이 쉽게 늙는다. 당시 중동은 물론 전 세계 인구의 평균 연령이 40세 전후인 것을 고려하면 정말 대담한 결정이었다. 그가 얼마나 장사를 하고 싶었는지 그리고 상업이 당시 얼마나 중요한 선망의 대상이었는지를 알 수 있는 대목이다.

그러나 무함마드가 부인의 재력을 바탕으로 크게 성공했다는 역사적 기술은 거의 없다. 대부분 탕진했을 것이라는 주장만 있을 뿐이다. 610년 그가 40세에 되던 해 알라의 계시를 받았던 상황도 이를 반증한다. 무함마드는 메카 주변의 산에 위치한 '히라' 동굴에서 신의 계시를 받았다. 3일 간 명상을 하고 있던 중이었다. 사업이 번창하고 일이 많았다면 동굴에 가서 명상할 시간은 많지 않았을 것이다. 동굴에서 여러 차례 장고에 들어가면서 무함마드가 내린 결론은 '새로운 세상을 열자'는 것이었다. 지나친 권력을 독점하고 있는 우마위야 가문의 패권을 극복하기 위해서는 사회전체를 뒤집어야 한다고 판단한 것 같다. 동굴에서의 종교적 체험을 통해 강력한 유일신 사상을 기반으로 하는 이슬람을 전파하기 시작했다. 다신교와 우상숭배의 상징인 카바 신전의 관리자로 종교·이념적 권위를 가지고 있던 우마위야 가문에 도전장을 내민 것이다.

종교적, 상업적 그리고 정치적 패권을 장악해온 우마위야 가문은 급기야 무함마드를 제거하기로 결정했다. 이를 피해 무함마드와 그의 추종자들은 622년 인근 도시 메니다로 피신했다. 200여명의 추종자와 함께 메디나로 이주한 무함마드는 그곳의 부족 간 갈등의 중재자 역할을 하면서 정치적 영향력을 확대했다. 또한 여러 습격을 통해 정치권력을 유지할 수 있는 경제적 기반도 다졌다. 상당부분 습격은 메카의 대상을 공격한 것이었다. 양측 간 4차례의 전면적인 전쟁도 있었다. 드디어 630년 막강해진 군대를 이끌고 항복을 받아내며 메카로의 무혈입성에 성공했다. 메카를 정복한 무함마드는 이슬람 국가를 건설한다. 메디나에서 조직한 이슬람 공동체(움마)를 확대한 형태였다. 아랍 부족의 전통적인 요직인 부족장, 점술사, 중재자 및 전시 지도자의 기능을 모두 자신의 한 몸에 집중시켰다. 경제 권력도 차지한 것은 당연한 현상이었다. 632년 죽을 때까지 무함마드는 이슬람 국가 형태를 마련하기 위해 많은 개인적, 사회적, 정치적, 그리고 경제적 법령을 '알라의 계시'라는 틀을 이용해 만들어 냈다.

다. 1,400년 전 등장한 사유권 재도

상인에서 시작해 종교 및 정치지도자가 된 무함마드는 상업과 거래를 장려했다. 알라로부터 무함마드가 받은 계시를 모은 쿠란 그리고 무함마드의 언행을 모은 하디스가 이슬람 국가와 정치, 경제, 사회의 법적 토대가 되었다. 이 과정에서 상업주의가 이슬람 종교에 많이 가미됐다. 그럴 수밖에 없다. 사도 무함마드의 원래 직업이 상인이었고, 부인은 물론 그를 추종한 많은 사람들도 상업적 목적을 가지고 있었다. 이 때문에 상업을 장려하고 개인의 상행위를 철저히 보장하는 국가 및 경제시스템이 이슬람 초기에 구축됐다. 쿠란과 하디스에는 개인 간 분쟁조정 등 상거래에 관한 구절이 많다. 특히 무려 1400년 전에 개인의 사유권을 철저히 보장한 것은 대표적인 예다.

이 같은 중동의 엄격한 재산권 보장의 전통은 아직까지도 남아있다. 이집트 카이로 인근에 피라미드를 보러 온 관광객들은 두 번 놀란다. 세계 최고의 유적을 보며 감탄사를 연발한다. 그러나 피라미드 주변 환경에도 놀란다. 전혀 정비가 돼 있지 않다. 거리도 엉망이고, 슬럼과 같은 거주 지역은 물론 농지와 말, 양, 그리고 낙타를 키우는 곳도 있다. 이들 가축이 싸놓은 배설물 냄새가 진동한다. 한국이었다면 국가 혹은 지방자치단체가 나서서 세계적인 유적지 주변을 정리했을 것이다. 하지만 이슬람권은 다르다. 정부라고 해도 개인의 재산 처분을 강제로 할 수 없다. 보상을 해준다고 해도 개인이 싫다고 하면 이를 강요할 수 없다. 사유권을 보장한 이슬람 정신과 전통에 어긋나기 때문이다. 때문에 중동에서 주택 지역 재개발은 많지 않다. 모든 주민을 설득할 수 없기에 정부는 차라리 도시 외곽의 사막지역을 새로운 신도시 구역으로 설정하곤 한다. 아예 도시를 새로 지어버리는 것이다.

3. 국가경제에 악영향 주는 상인정신

산업혁명이 일어나기 전까지 철저한 상인정신으로 무장한 중동인은 중개무역을 통해 세계경제를 이끌었다. 유럽을 압도했다. 사유권 보장 그리고 자유무역은 서방보다도 훨씬 앞선 것이다. 왕권과 경쟁하고 때때로 그 위에 군림했던 유럽의 교황들은 기독교의 상업기피 전통을 고집했다. 종교개혁이 있기 전까지 상행위는 기독교에서 '비윤리적'인 경제활동이었다. 이런 중세 시대에 이슬람제국이 유럽을 경제력에서나 또 이에 따른 군사력에서 압도할 수밖에 없었다. 중동의 상인들은 동서양의 무역을 장악해 막대한 부를 축적했다.

국제무역에서 중동의 패권은 서양언어에 미친 아랍어의 영향으로 잘 나타난다. 현재까지도 쓰이고 있는 중요한 무역 대상품목 중에는 아랍어가 많다. 설탕(sugar), 사탕(candy), 커피(coffee), 시럽(syrup) 등 식품이름은 아랍어에서 왔다. 면화(cotton), 모슬린(muslin), 거즈(gauze), 새틴(satin), 파자마(pajama) 천과 의복 이름도 아랍어다. 튤립(tulip), 재스민(jasmine), 라일락(lilac) 등 꽃 이름은 물론 영어 학문이름 중 al, as, ph가 앞에 붙은 것은 대부분 아랍어다. 예를 들어 연금술(alchemy), 대수학(algebra), 천문학(astronomy), 점성학(astrology), 화학(chemistry), 물리학(physics), 철학(philosophy) 등이다. 더불어 중요한 경제 및 무역 용어인 관세(tariff), 수표(check), 장애(hazard), 영(zero) 등도 아랍어다.

가. 유럽의 대량생산에 밀린 상업정신

그러나 중동의 무역이 장악하던 시기는 영원하지 않았다. 유럽 경제에 큰 변화가 발생하면서다. 종교개혁이 일어나고, 무역이 발전하고, 이에 영향을 받아 산업혁명이 일어났다. 대량생산 시스템이 등장한 것이다. 이로 인해 잉여생산물이 발생하면서 유럽은 국제 무역으로 판로를 개척해나갔다. 이후 이슬람권 경제는 급속히 붕괴했다. 중개무역이 대량생산 시스템하의 무역을 대적할 수 없기 때문이다. 중동은 점차 서구의 원료공급지 혹은 제품 판매처로 전락했다. 기술개

이집트의 휴대폰 전화 선전, 선정적인 여성이 등장한다.

발로 강력한 군사력을 갖춘 유럽은 중동을 영구 시장으로 만들기 위해 식민지화에 나섰다.

다행히 제2차 세계대전 전후로 중동의 대부분 국가는 독립했다. 그러나 현재도 중동의 대부분 정치인, 경제학자, 그리고 언론조차 식민지 경험이 중동의 저발전의 주요한 원인이라고 지적하고 있다. 유럽의 경제적 침탈과 수탈로 중동의 전통적인 산업이 붕괴됐다는 것이다. 여기에 아직까지도 자본과 기술을 바탕으로 한 서방의 다국적 기업이 중동을 착취하고 있다는 정서가 팽배해 있다. 중동의 저발전의 원인을 외부로부터만 찾고 있는 것이다. 그러나 근대에 들어와서도 중동 경제의 전반적인 실패에는 지대추구형 경제 외에도 너무나도 지나친 상인정신이 배후에 있다. 독립국가 형성 이후에도 이 상인정신이 중동 대부분 국가의 경제와 경제인의 마음에 뿌리 깊게 남아있다는 것이 중동 경제의 심각한 문제점이다.

정부만이 홀로 수없이 비효율적인 제조업에 투자해 왔다. 비민주화된 사회에서 부패와 나태가 만연해 공기업의 생산성은 상당히 낮다. 일부 사회주의 경제를 추구하는 나라에서는 공기업에서 '해고'가 불법인 경우가 많다. 기계 하나에 한두 명이면 될 것을 수십 명이 달라붙어 있는 경우도 있다. 산업이 발달하려면 정부가 주도하더라도 민간이 어느 정도 따라와 주어야 한다. 그러나 중동은 상인정신 때문에 이런 현상이 발생하지 않는 곳이다. 최근 막대한 오일머니로 정부의 공공부문 투자 노력은 크게 증가하고 있지만, 민간부문이 여전히 이를 받쳐주지 못하고 있다. 장사와 서비스업에만 돈이 몰리고 있다. 물론 21세기에 꼭 제조업이 국가경제를 이끌어야 한다고 주장하는 것은 물론 아니다. 그러나 중동에서는 지나칠 정도로 제조업에 대한 민간 투자가 이뤄지지 않는다.

나. 자금회전 빠른 장사가 최고

따라서 아랍 22개국을 둘러보면 큰 제조업은 거의 모두 정부 것이다. 작은 규모 외에는 민간경제인들이 사실 제조업에 잘 투자하지 않는다. 돈 조금 있다는 사람들은 대부분 자금회전이 빠른 무역 혹은 장사에 매달린다. 실제로 장사에 익숙한 사람이 제조업을 하기는 쉽지 않다. 계약만 한 건 잘 성사시키면 몇 십 %를 남길 수도 있고, 사재기를 잘 하면 몇 배의 이익도 올릴 수 있는 것이 장사이기 때문이다. 소규모 자본으로 할 수 있을뿐더러 제조업에 비해 관리도 쉽다. 국내외 인맥을 잘 구축해 계약 혹은 구매만 잘

이란 수도 테헤란 바자르 시장

하면 된다.

중동의 무역상 중 고위관리 출신이 많은 것도 이 때문이다. 정부와 어느 정도 인맥을 가진 사람들은 은퇴 후 무역회사를 차리는 경우가 많다. 부지를 구입하고, 생산시설을 짓고, 인력을 관리하고, 품질을 높여야 하고, 최근에는 판매까지 신경써야하는 제조업으로 전환하기 어렵다. 아무리 잘해도 수익 발생에 5년에서 10년씩 걸리는 것이 제조업에 중동 경제인들은 투자하기를 꺼린다. 이 때문에 지난 수십 년간 중동의 오일 머니는 부동산 사업, 주식시장, 채권, 서비스업에만 집중됐다. 모두 자금회전이 빠른 분야들이다. 더불어 감가상각이 실질적으로 없는 분야가 장사다. 물건을 사다가 잘 보관했다가 팔면 된다. 중동은 날씨도 건조해 일부 제품이나 상품을 제외하곤 장기 저장이 쉽다. 5,000년 동안 감가상각이 없는 비즈니스를 해온 사람들이 중동인이다. 제조업은 상상하려하지도 않는다.

다. 제조업도 장사로

제조업을 하더라도 장사처럼 하는 경우가 흔하다. 한 예를 들어보자. 이집트의 자동차 조립은 우리보다 20여 년 빨랐다. 1956년 당시 대통령의 이름과 유사한 '나스르'라는 자동차를 조립했다. 피아트 회사와 계약을 맺고 부품을 들여와 자동차 산업을 시작한 것이다. 하지만 아직도 제자리 수준이다. 21세기에도 이집트는 자동차를 조립만 하고 있다. 다른 중동 국가들도 마찬가지다. 조립하거나 완제차를 수입하고 있다. 1976년 '포니'를 처음 조립하기 시작해 현재 세계 6위

전후의 자동차 대기업을 성장한 현대와는 큰 대조를 보인다.

1990년대 이후 한국의 현대, 기아, 그리고 대우 자동차도 이집트에 생산라인을 가지고 있었다. 이들 이집트 자동차 업체의 사업 방식은 간단하다. 3년 전후의 부품 공급계약을 맺고 한국 차량 생산에 적합하도록 생산라인을 바꾼다. 물론 한국 엔지니어들이 담당해야 한다. 이집트 기업은 또 한국 엔지니어들의 장기체류를 요청한다. 생산 공정 관리를 담당해 달라고 요청하는 것이다. 결국 이집트 측이 주로 담당하는 것은 판매다. 3년 정도 판매를 해보고 잘되면 한두 해 더 연장한다. 그리고 시장이 어느 정도 포화상태라고 판단하면, 이들 이집트 기업인들은 한국 기업과의 계약을 종료하고 또 다른 나라의 차종을 찾아 생산한다. 지난 수십 년 동안 이런 방식을 반복만 해온 것이다. 기술개발이나 축적에 큰 관심이 없다. 부품자국화, 기술개발, 또는 영구적인 협력관계에도 시큰둥하다.

중소기업도 비슷하게 운영된다. '공장이 있다'라고 주장하는 비즈니스맨이 많다. 하지만 이들의 마인드도 비슷하다. 코트라에서 주관하는 한국제품무역상담회에 학생 때는 통역으로, 특파원 당시에는 취재 차 여러 번 가 봤다. 상담회에 오는 이집트 바이어는 대부분 같은 사람들이다. 이들은 또 완전히 다른 제품을 생산하는 여러 한국 업체와 상담한다. 10년 전에는 플라스틱 사출기계를 상담하고 기계 2대를 구입했던 바이어도 만났었다. 그런데 그는 이번에는 알루미늄 그릇제조기에 관심을 보인다. 이들은 기계 서너 대를 구입하고 완전히 못쓸 때까지 돌려 생산하고 판매한다. 중간에 기계적 결함이 생기면 한국에 엔지니어를 요청한다. 그리고 더 이상 사용이 불가능하다고 판단하면 다른 종목으로 옮긴다. 사실상 전문으로 하는 업종이 없다는 것이다. 한 비즈니스 가족의 경우 아버지는 전자제품 수입, 아들은 플라스틱 사출 공장, 다른 아들은 자동차 부품 수입 등을 하는 경우가 많다. 한 사람이 다양한 분야의 여러 종류의 제품을 생산하거나, 에이전트로 활동하는 경우도 흔하다. 제조업이 아니라 장사다. 우리나라의 대기업이 문어발 경영을 한다고 말한다면, 중동 대기업은 보통 지네발 경영을 한다고 해야 할 것이다.

라. 실업률에도 직접적인 관계

지나친 상업주의는 일반인들에게도 악영향을 미친다. 대표적인 예가 높은 실업률이다. 중동의 대부분 국가는 실업률이 두 자리 수다. 실질실업률이 30 혹은 40%에 달하는 곳도 있다. 엄청난 석유를 파는 산유국도 상황은 마찬가지다. 사우디아라비아나 이란에서도 실업률이 가장 큰 사회문제다. 인구는 크게 늘고 있는데 일자리 창출이 안 되기 때문이다. 정부, 공공기업, 그리고 서비스업에서만 이 인력을 어느 정도만 흡수하고 있다. 제조업이 지나치게 발달하지 못하면서 일자리가 크게 늘지 못하고 있는 상황이다.

이라크 길거리의 담배 장사꾼

중동은 또 물가가 비싸다. 서민 가계

에는 큰 부담이다. 내부에서 대량생산이 이뤄지지 않아 생필품조차 대부분 수입한다. 특히 공산품의 경우는 다른 어느 지역보다 비싸다. 상업주의에 물든 무역상들의 중간 마진이 지나치게 높아 소비자는 비싼 값을 지불해야 한다. 1인당 국민소득이 2500달러 전후인 이집트의 경우 자동차 값이 한국의 1.5배 정도에 달한다. 정부도 관세를 높게 책정하고, 무역상의 마진도 상당히 높기 때문이다. 상업세력과 권력층이 결탁하는 경우도 많다. 외국 제조업체의 진출이 어려운 이유가 여기에 있다. 정부 실세와 손잡고 무역을 하는 큰 상인들이 외국 제조업체의 진출을 막거나 여러 방편을 동원해 방해하고 있다.

4. 중동의 비즈니스 마인드

5,000년 이상 이어진 중동의 상인 정신은 아직도 살아남아 중동의 비즈니스 환경에 영향을 주고 있다. 중동인들과 비즈니스를 할 때 이러한 상인정신을 철저히 이해해야 효과적이고 유리한 협상을 이어나갈 수 있다. 몇 가지 대표적인 내용을 소개하겠다.

가. 느긋하게 협상을 즐기는 중동 상인

중동인들은 느긋하다. 몇 개월 씩 걸리는 카라반에 익숙한 사람들이다. 낙타 등에 짐을 싣고 오랜 기간의 여정을 거쳐야 다음 목적지에 도착한다. 목적지에 도착하면 최소 며칠씩은 쉬어가야 한다. 며칠

전쟁직후 바그다드의 환전상, 위폐여부를 돋보기로 확인하고 돈은 무게로 잰다.

에 거쳐 천천히 느긋하게 협상할 시간적 여유가 있다. 때문에 중동에서 볼 수 있는 상가의 특징은 숙소가 딸려 있다는 것이다. 여관의 경우도 2층은 잠을 자고 바로 아래층은 가판을 열 수 있는 공간 상점이 딸려 있다. 따라서 물건을 파는 사람들은 우리와는 달리 자신이 목표한 이익에 충족치 않으면 거래를 하지 않는 경우도 있다. 아파트의 경우 자신이 원하는 임대료가 아니면 수개월 1년도 비워놓기도 한다. '비워 놓느니 싸게 주는' 우리의 시각과는 다르다.

따라서 중동에서는 전통적으로 사재기가 불법이 아니었다. 정부보조금이 들어가는 품목에 대해서만 최근에 와서 사재기를 불법화했다. 때문에 중동권의 신문 사회면에 가장 자주 등장하는 사회문제가 사재기 현상이다. 명절 같은 대목에는 항상 발생하는 사건들이다. 큰 상인들은 최대한의 물건을 미리 사들여 가격을 올린다. 쌀, 설탕, 차, 밀가루 등 생필품에 대한 사재기도 성행한다. 너무 심각해 정부가 법을 제정해 불법화해도 막기 어렵다. 오래된 전통이기 때문이다. 이슬람은 물건을 산 이후에는 개인 소유이기 때문에 철저히 사유재산으로 보장한다. 상업을 장려하는 전통이 '부도덕한' 상행위도 눈감아준 것이다. 이 때문에 예전부터 큰 상인은 썩지 않는 물건을 유통시켰다. 향료, 차, 커피, 말린 대추야자 등이다. 사재기를 할 수 있는 품목들이다. 채소, 고기, 생선 등을 파는 사람은 현재도 소위 '하급' 상인으로 분류된다.

나. 바가지는 장사의 중요한 기술

중동에 가면 터무니없는 가격을 요구하는 경우가 많다. 미터기가 없는 택시 기사는 외국인들에게 10배 이상의 요금을 부르기도 한다. 우리와는 달리 바가지가 비윤리적인 행위가 아니다. 최대한 싸게 사서 비싸게 파는 상인은 장사를 잘하는 사람이다. 최소의 서비스를 제공하면서 최대한 높은 요금을 받은 훌륭한 비즈니스맨이다. 욕먹을 행동이라는 것이 아니다. 장사라는 것이 중간 이윤을 추구하는 것이기 때문이다. 5,000년 이상 이런 비즈니스를 해 온 사람들이다. 오래전부터 거대 상인들은 엄청난 이윤을 추구했다. 가장 대표적인 예가 향료의 교역이다. 중국 및 인도에서 향료를 수입해 사막을 거쳐 이탈리아 남부 항구에 도착하면 향료를 금과 같은 무게로 바꾼다. 소위 환금작물이다. 따라서 현재도 대부분 중동의 비즈니스맨들은 두 자리 수 %, 즉 10%이상 남지 않으면 계약을 잘 체결하지 않는다.

카이로 국제무역박람회의 참가한 한국기업의 제품을 유심히 살펴보는 중동의 바이어들

이런 심리는 협상에서도 잘 나타난다. 중동인들은 또 느긋하게 협상

을 즐긴다. 더운 날씨에 천천히 행동하는 것도 이유이겠지만, 더 중요한 것은 5,000년의 상업에 종사한 사람들의 마음이다. 조금은 극단적인 예를 들어보겠다. 100달러짜리 물건이 있다고 가정해 보자. 물건을 파는 상인은 손님이 오면 10,000불이라고 외친다. 한국에서 이런 일이 발생했다면 물건을 사러 온 사람은 얼굴이 붉어져 욕을 할 수도 있을 것이다. 그러나 중동에서는 사러 온 사람이 전혀 화를 내지 않는다. 오히려 웃으며 '1불'이라고 외친다. 그러고는 서로 차를 마시며 웃으며 깔깔대며 몇 시간을 이야기 한다. 결국 물건의 가격은 100달러 전후로 결정이 된다. 중동인들의 시각에 따르면 파는 사람, 사는 사람 모두 전혀 화낼 일이 아니다. 서로를 존중하는 것이다. 물건을 파는 사람은 당연히 최대한 높은 가격을 받고 싶다는 것을 존중하는 것이다. 반대로 물건을 사는 사람도 최저 가격으로 사고 싶다는 것을 존중하는 것이다.

다. 에이전트와 수수료는 최고의 비즈니스

우리와는 상당히 다른 상거래 시각을 가진 사람들이 사는 곳이다. 어떻게 보면 도덕성 혹은 윤리가 없는 상거래 관행일 수도 있다. 그러나 바꾸어 말하면 상업을 중시하는 중동인의 심리가 잘 녹아내려 있는 문화다. 상거래를 존중하는 이런 풍조 때문에 중동에서는 수수료 혹은 중개료의 개념이 확실하다. 중동에서 월세 집을 구하는 데는 엄청난 수수료를 지불해야 한다. 유럽처럼 기업 형으로 운영되는 부동산 중개업소도 아니고 한국처럼 시험을 통과한 공인중개사가 개입하

이집트 카이로 시내를 누비는 현대, 대우 차

한국 기업인들과 상담하는 중동인들

는 경우가 아닌데도 그렇다. 길가에 나무 간판 하나 걸어놓고 의자가 사무집기의 전부인 소개업자에게도 한 달 치 월세를 수수료로 내야 한다.

월세가 수천달러에 달하는 아파트를 외국인에게 소개하면 엄청난 돈을 번다. 산유국인 걸프지역의 부자나라를 제외하고는 대부분 중동국가의 일반 직장인 한 달 평균 임금이 2-300 달러에 못 미치는 것을 고려하면 고액의 수입이다. 이들은 "내가 없었으면 거래가 이뤄지지 않았을 것"이라고 주장한다. 어떠한 상황에도 중동에서는 상거래 시 중간에서 작은 역할이라도 하면 '당연한' 보상을 요구한다. 이런 관행을 언급하는 아랍어 단어도 있다. '와스따'다. '중간에 있다'라는 의미다. 이 와스따를 직업으로 하는 사람들이 많다. 부동산 중개업에서 대규모 프로젝트의 에이전트까지 중동인이 상당히 좋아하는 직종이다. 밑천도 들어가지 않을뿐더러 계약이 체결되면 큰 이익을 얻을 수 있기 때문이다.

와스따의 관행은 사회 밑바닥에서 최고 정점까지 만연해 있다. 중동에서 또 하나 이해하기 어려운 상업 전통은 정부 관리의 비즈니스

종사다. 한 마디로 말해 장관도 비즈니스맨인 경우가 많다. 이집트의 관광성 장관은 대규모 관광회사와 유통회사를 가지고 있는 인물이다. 걸프지역의 대부분 왕족은 장관직을 수행하며 외국 회사의 에이전트로 일한다. 중동에 진출한 우리나라 대기업 대부분은 이들 왕족 혹은 장관에게 막대한 에이전트 비용을 내고 있다. 아무 일도 하지 않지만 이름을 빌려주고 만약 문제가 생기면 뒤를 봐주는 정도의 일이다. 이에 대한 대가로 수십만 혹은 수백만 달러를 매년 받는다.

무역로에서 떨어져 사는 부족은 조용히 유목생활을 하면서도 때로는 습격(raid)을 중요한 부의 축적 혹은 생계 수단으로 삼았다. 카라반(대상)을 습격해 금품을 빼앗는 소위 강도 행위다. 그러나 유목민에게는 이런 습격이 '정당한' 생계수단으로 받아들여지는 전통도 생기게 됐다. 이슬람의 창시자 무함마드도 여러 차례의 습격 작전을 통해 세력을 키웠다. 전리품으로 권력을 획득하고 유지하는 자금을 조달했다고 역사학자들은 언급하고 있다. 이 보다 '점잖은' 부족은 자신의 영역을 지나는 카라반에 통행료를 징수했다. 철저한 '수수료' 그리고 에이전트 마인드가 여기서 발생한다. 현재도 많은 중동국가는 외국인의 단독 법인 설립을 허용하지 않고 있다. 자국인을 에이전트로 고용해야 법인 설립이 가능하도록 법으로 규정해 놓는다.

이런 관행을 가진 사회에서 외국인이 비즈니스를 하기는 상당히 어렵다. 와스따를 필요로 하는 계약이 많다. 이 때문에 중개료 혹은 에이전트 수수료 비용이 상당히 높다. 소위 '빽'이 없으면 큰 계약을 따내는 것이 불가능하다. 강력한 에이전트가 없으면 국내 기업과의 경쟁에서 외국 기업이 밀려나기 일쑤다. 공직에 있는 사람이 비즈니스를 하도록 허용하는 것도 우리와 서방과는 상당히 다른 경제 환경이다. 경쟁이 존재하는 서양의 비즈니스 마인드로 중동을 접근하면 실패하는 것이 이런 이유 때문이다.

05

아랍의 봄과 중동의 새로운 경제 환경

1. 새로운 시대 여는 중동의 정치변동

2011년 에너지의 보고인 중동에서 발생한 민주화사태로 세계 경제가 상당히 긴장했다. 튀니지, 이집트, 리비아에 이어 예멘 정권도 붕괴했다. 현재는 시리아에서의 내전이 진행 중이다. 이런 불안정 상황 속에서 리비아 등에 진출한 한국 기업들이 철수하는 상황도 발생했다. 다시 재건사업에 참여하려는 움직임을 보이고 있으나 불안정한 정치상황이 이를 어렵게 하고 있다. 문제는 중동의 정치변동은 이제 시작일 뿐이라는 점이다. 앞으로도 점진적으로 그리고 단계적

리비아 혁명 여성 전사들

으로 다른 나라들에도 영향을 줄 것이다. 중동이 크게 변화하면서 미국 등 서방은 물론 우리도 새로운 대중동 전략을 마련해야 하는 상황이다. 최근 중동사태의 정치적 성격과 파급효과를 분석하는 것이 중요한 시점이다.

가. 사상혁명의 성격을 가진 아랍의 봄

외면상으로 아랍의 현 시민혁명 현상은 베를린 장벽 붕괴로 상징되는 1980년대 말 동유럽 공산권 몰락과 비슷하다고 할 수 있다. 수십 년간 지속된 독재 정권의 압정을 시민의 힘으로 떨쳐내고 민주화 시대를 열고 있다는 점에서 그렇다. 그러나 18세기말 프랑스 혁명에 더 가깝다. '아랍판 프랑스 혁명'이라고 할 수 있다. 아랍권의 시민혁명은 단순한 독재타도 혁명이 아니다. 1789년 시작된 프랑스 혁명이 부르주아 계급에 대한 단순한 서민혁명이 아니었던 것처럼 말이다. 프랑스 혁명은 신권왕정의 절대주의체제에 반기를 들고 자유로운 개인으로서 평등한 권리를 확립한 '사상혁명'이었다. 혁명의 이념은 몽테스키외, 볼테르, 루소, 디드로 등 계몽사상가에 의해 약 반세기에 걸쳐 배양됐다. 한 나라 내의 계급혁명이 아니라 사상혁명이었기에 유럽을 거쳐 전 인류의 가치관과 인식에 중대한 영향을 주었다.

아랍의 시민혁명도 '사상혁명'의 성격을 가지고 있다. 중동에는 3가지 권위주의가 사회를 억누르고 있어 왔다. 이 때문에 정치변동, 특히 '아래로부터의 혁명'이 거의 발생하지 않았다. 첫 번째는 지형적 권위주의다. 사막의 공동체에서는 지배 가문의 권위를 존중하고 명령을

시리아 다마스쿠스의 한 길 바닥에 그려진 이스라엘 국기, 사람들이 밟고 지나간다.

따라야 한다. 사막으로 둘러싸인 오아시스를 벗어나 홀로 살아가는 것은 불가능하다. 우리처럼 과거 정부가 맘에 안 들면 산속으로 들어가 화전민이 될 수도 있는 그런 곳이 아니다. 때문에 중동에서는 전통적으로 추방이 가장 엄한 처벌 중에 하나였다. 둘째, 앞서 언급한 유목문화를 바탕으로 하는 남성중심의 가부장적 권위주의다. 마지막으로, 역시 앞에서 언급한 이슬람의 권위주의다. 이슬람은 아랍어로 '복종'을 뜻한다. 알라에 대해 복종하는 것과 더불어 이슬람 공동체의 종교지도자이자 정치지도자였던 무함마드에 대한 복종을 강조하는 종교다.

그러나 2011년 아랍권 시민혁명은 위의 3대 권위주의에 도전할 수 있다는 인식을 불러일으키고 있다. 이슬람 종교의 권위주의에도 적잖은 충격파를 던지고 있다. 최근 아랍권 민주화사태에서 가장 긍정적인 현상 중 하나는 시위대의 구호에 이슬람적인 내용이 상당히 미약하다는 점이다. 현재 아랍권에서 일어나고 있는 반정부 시위는 민족적 그리고 세속적 성향을 가지고 있다. 종교적인 것이 아니다. 물리력에 바탕을 둔 권위주의에 약한 속성도 떨쳐 버리고 있다. 전투력의 열세에도 불구하고 리비아의 반정부 시민군은 정부군에 대항에 결사항전을 벌였다. 가부장적 권위에 순종하는 심리구조를 떨쳐버리고 저항을 할 수 있도록 아랍인들의 마음속에 '자신감'을 넣어준 것이 이번 시민혁명이다. 따라서 아랍의 정치변동은 시간은 걸리겠지만 아랍권 전역으로 확산될 것으로 보인다.

나. 21세기 새로운 틀의 혁명

2011년 초 아랍권 최대 정치, 문화 강국 이집트가 무너진 날, 22개 아랍국가 수도 중심가에 모여든 인파는 자국의 일인 양 환호했다. 압제에 저항할 수 있다는 자신감의 표출이었다. 이번 아랍의 시민혁명으로 과거와는 다른 새로운 틀의 혁명이 자리 잡고 있다. 인식체계 혹은 심리구조가 바뀌면서 발생한 시민봉기이기에 튀니지 대통령이 축출된 지 한 달도 되지 않아 이집트 대통령도 같은 운명을 맞이했다. 예멘은 물론 리비아에서도 유사한 정치변동이 발생했다.

심리구조의 변화가 이처럼 아랍 전역에 빠르게 확산되는 데는 위성방송과 소셜네트워크서비스(SNS)와 같은 뉴미디어 역할이 지대했다. 뉴미디어는 리더가 없는 혁명을 가능케 했다. 과거 혁명은 강력한 지도자 하에 혁명 역량이 오랜 동안 축적된 이후 특정 촉발제에 의해 분출됐다. 그러나 아랍에서 발생한 이번 시민 혁명은 리더도 없는 상황에서 갑자기 시작되어 수백만의 시위대가 집결하고 2-3주 만에 정권을 교체시켰다. 큰 틀로 보면 20세기와 21세기의 통신기술 발달이 아랍의 시민혁명에 중요한 역할을 했다. 특히 위성방송, 인터넷, 소셜네트워크서비스(SNS) 등 뉴미디어가 확산되면서 가부장적 권력에 도전할 수 있는 힘을 결집할 수 있었다. 과거에는 정보의 흐름을 국가 혹은 집권 권력이 장악하거나 독점했지만, 이제는 일반인이 '손바닥 위에서 정보를 생산하고 유통하고 있기 때문이다.

야한 광고까지 등장한 중동의 위성 TV

다. 점진적으로 진행될 아랍의 정치변동

사상혁명의 성격을 가지고 있고 SNS의 순발력까지 동반하고 있는 아랍의 정치변동이 그런데 왜 빠르게 진행되고 있지 못할까? 1989년부터 시작된 유럽 동구권의 민주화는 도미노현상이라고 불릴 정도로 빠르게 진행되었고, 모든 나라들이 정권교체에 성공하고 민주화의 길로 들어섰다. 그런데 중동의 정치변동은 2011년 초 이후 현재까지 2년 반이 넘어서는 동안 22개 아랍국 중 네 나라의 정권 교체에만 성공했다.

이는 아랍의 다양성에 기인한다. 유럽의 동구권은 상당히 동질적인 국가들의 모임이었다. 정치적으로 공산주의 혹은 사회주의, 경제도 국가주도형 사회주의 체제였다. 경제수준도 대부분 국가들이 비슷했다. 그러나 아랍에는 현재 3대 정치체제가 존재한다. 공화정, 입헌군주제, 그리고 세습절대군주제다. 더불어 경제적인 차이는 더 크다. 극단적인 예를 든다면, 수단, 예멘 등의 국가는 1인당 GDP가 1,000달러도 되지 않는 나라들이다. 반면 카타르 등 걸프의 산유국은 1인당 GDP가 많게는 10만 달러에 달한다. 이렇게 큰 차이가 있는 나라들의 정권이 동시에 무너진다는 것은 불가능하다. 따라서 중동의 정치변동은 점진적 그리고 단계적으로 진행될 것이다. 때문에 장기화하는 현상이 나타날 것이다.

2. 새로운 경제 환경의 등장

섹시한 옷광고 밑에
순교한 자살공격대원을 기리는 포스터가
있는 레바논 수도 베이루트 거리

2011년 아랍의 봄은 향후 중동의 정치경제에 적지 않은 영향을 줄 것으로 보인다. 정치적으로는 아랍의 정치질서에 큰 변화가 있을 것으로 보인다. 9.11 이후 미국이 주도한 테러와의 전쟁에 적극적으로 참여했던 이집트의 무바라크 정권 등이 붕괴하면서 과거와 같은 서방의 대중동 정책에 대한 중동 일부국가의 정부 차원 지지

카타르 수도 도하의 대형 수퍼 카르푸에서 크리스마스 선물을 사는 주부

발렌타인 데이를 맞이한 카이로의 선물 가게

와 지원이 어려워지고 있는 상황이다. 아랍의 최대 정치 강국 이집트의 공백이 아랍정세에 적지 않은 부정적 영향을 가져올 것이다. 이에 따라 미국을 포함한 서방의 대중동 전략에도 큰 변화가 발생할 수밖에 없는 상황이다. 우선 답보상태에 있긴 하지만 이스라엘-팔레스타인 협상에 있어 미국과 서방의 입장을 상당부분 대변하면서 중재자를 자처해온 이집트의 역할을 당분간 기대할 수 없다. 가장 먼저 평화조약을 체결했고 팔레스타인 저항단체 하마스 무력투쟁에 반대해왔던 이집트의 군부가 약화되면서 미국이 중시하던 이스라엘의 안보에 적지 않은 악영향이 예상된다.

가. 중장기적으로 서방의 영향력 약화

미국과 서방이 더 우려하는 것은 이란의 부상이다. 미국의 대중동

전략에 있어서 양대 축을 구성하는 두 나라는 이집트와 사우디아라비아다. 그런데 사우디아라비아와 더불어 수니파 이슬람의 주축인 이집트의 역할이 약화되면서, 이라크 전쟁 이후 확대되고 있는 시아파 초승달의 주축 국가인 이란의 영향력이 커지게 될 것이다. 이란을 축으로 서쪽으로 이라크, 시리아, 레바논 그리고 남쪽으로 바레인, 쿠웨이트, 오만까지 연결되는 초승달 모양의 시아파 블록이 더욱 강화될 것이다. 이란은 이미 현재의 상황을 적극적으로 이용해 자국의 패권을 과시하려 하고 있다. 바레인 사태에서도 나타났듯이 독재권위주의체제가 아닌 국민의 뜻을 담는 정치체제로 중동이 전환할 경우 상당수 국가의 시아파 주민들의 정치적 영향력이 확대될 것이며 이는 결국 이란의 지역 내 역할의 확대로 이어질 수 있다. 때문에 이러한 이란의 영향력 확대를 막기 위한 사전조치로서 2011년부터 이란에 대한 일련의 조치들이 이어지고 있다는 분석이 힘을 얻고 있다. 이스라엘과 미국이 다시 이란에 대한 공격 카드를 언급하는 이유도 여기에 있다. 이란의 영향력 강화는 미국과 서방이 추구하는 대중동 전략에 가장 큰 걸림돌이 될 것이기 때문이다.

보다 큰 틀에서 서방의 중동에 대한 전반적 영향력이 약화될 수 있는 환경도 조성되고 있다. 과거 서방 정부의 전형적인 대중동 전략은 변화나 민주화보다는 '현상(status-quo)'를 유지하는 것이었다. 겉으로는 중동의 민주화를 외쳤지만, 실질적으로는 자국의 이권을 유지하기 위해 현재의 친미 정권체제에 큰 변화가 없기를 바랐다. 이 현상유지 정책은 주로 '밀실정치'를 통해서 진행되어 왔다. 서방 정부와 기업은 정치는 물론 경제 권력까지 차지하고 있어 모든 정책을 결정할 수 있는 소수의 독재 권력과 밀착하여 막대한 이권을 차지하고 유지해 왔다. 그러나 아래로부터의 시민혁명으로 독재정권이 붕괴하고 선거를 통한 민주적인 정부가 중장기적으로 중동에 들어선다는 것은 점차 중동지역에서도 '의사결정의 투명화'가 진행된다는 것을 의미한다. 권력을 견제하는 의회, 시민사회 등도 점차 성장할 것이기 때문이다. 이는 궁극적으로 과거 밀실정치를 통해 막대한 이권을 차지하던 관례가 점차 줄어들 것이라는 것을 의미한다.

서방의 영향력 약화는 우리에게 긍정적인 소식일 수도 있다. 과거부터 현재까지 미국 등 서방은 중동 내에서 에너지 및 군수 그리고 서비스 분야를 사실상 독점해 왔다. 유전 및 가스개발이 전통적으로 서방의 오일 메이저들에 의해 독점되어 왔다는 것은 앞에서 언급했다. 군수 시장도 그렇다. '중동이 화약고'인 이유는 서방의 군수산업 유지와도 깊은 연관이 있다. 군수산업도 산업이다. 산업이 유지되기 위해서는 수요가 있어야 한다. 그 수요를 그동안 잘 충족해 준 곳이 바로 중동이다. 인류역사상 가장 거대한 군수시장이 밀집되어 있는 곳이 중동이다. 정확한 통계는 없지만 그 규모가 1,500-2,000억 달러에 달할 것으로 추정된다. 현재도 미국 무기를 가장 많이 구매하는 나라는 사우디아라비아다. 다른 걸프 산유국들도 막대한 오일머니를 지출하며 미국과 서방의 안보 우산 하에 들어가 있다. 대부분 걸프 국가들에는 미군 기지들이 존재한다. 지난 50년간도 그랬듯이 중동은 앞으로 수십 년 후에도 계속 화약고로 남을 가능성이 크다. 마지막으로 서방이 독점하고 있는 또 다른 분야는 서비스 산업이다. 예를 들어 2006년 카타르의 도하 아시안게임도 대부분 영국 업체에 의

이란 정부와 양해각서를 체결하는
전 코트라 홍기화 사장

해 조직되었다.

이러한 서방의 3대 이권 사업은 사실상 우리 기업들이 거의 진출하지 못하고 있는 분야다. 사실 부가가치가 상당히 높은 분야들이다. 냉정하게 말하면 우리 기업들이 많이 수주하고 있는 건설 및 플랜트 시공분야는 부가가치가 높지 않은 분야다. 사실 서방기업들이 적극적으로 수주하려 하지 않은 분야다. 서방의 중동 내 영향력 약화는 이 때문에 우리 기업에 호재일 수도 있다. 현재까지 제대로 진출하지 못하던 고부가가치 분야의 문호가 점차 열릴 것이라는 점이다. 가격 및 기술 경쟁력을 제대로 갖추면 '투명한' 입찰 절차를 거쳐 우리가 충분히 진출할 수 있을 것이다. 우리 기업들이 중장기적으로 준비를 해 나가야할 분야다. 특히 예멘, 수단, 시리아, 알제리, 이집트 등 그동안 서방이 큰 관심을 가지지 않았던 국가들에 대한 유전 및 가스전 개발에도 적극적인 투자로 참여해야 한다. 아랍권 정부는 삶의 질을 끌어올리기 위해 필요한 막대한 비용을 자원에서 찾을 것이기 때문이다.

나. 불안정성 고조

2011년 아랍의 봄 이후 정치공백이 발생한 이라크 서부와 시리아 동부에 이슬람국가(IS) 테러조직이 발호해 전 세계에 충격을 주고 있다. 리비아, 예멘, 이집트 등 정권이 교체된 나라들에서는 혼란이 이어지고 있다. 중동의 불안정성을 설명하는데 있어서 학계와 언론에서 가장 많이 언급하는 배경은 석유와 이슬람 종교다. 석유 등 자원 이권을 놓고 서방의 침탈이 분쟁을 가져왔다고 많은 중동학자들은 지적해 왔다. 그러나 이 시각은 석유자원이 거의 없는 아프가니스탄, 레바논 등의 불안정을 설명하지는 못한다. 더불어 시리아, 이집트, 예멘, 수단 등 많은 중동국가들은 유전 개발이 본격화하기 이전에 여러 쿠데타와 내전을 겪었다. 중동의 분쟁이 권위주의적이고 '폭력적인' 이슬람 종교 때문이라는 시각도 팽배해 있다. 1,400년에 등장한 이슬람 종교의 보수적인 성향이 아직도 중동 정치사회를 좌지우지하기 때문에 근대화 과정과 충돌한다는 시각이다. 그러나 이슬람 역사 1,400여년 기간 동안 테러가 계속 발생하지 않았다. 외부의 침입과 내부의 불만이 결합하는 시점에서만 테러와 폭력사태가 발생했다. 이 과정에서도 일부 정치세력이 이슬람을 이념적으로 이용해 자신들의 행위를 정당화하고 있을 뿐이다.

중동의 분쟁과 더딘 민주화를 설명하는 또 다른 시각은 국민국가(nation-state) 형성과 관련한 접근법이다. 역사적으로 현재의 중동 국가들은 대부분 신생국가다. 대부분 현재의 중동 국가들은 2차 세계 대전 이후 독립했다. 상당수 국가의 국경은 자연적이거나 역사적인 것이 아니다. 서방의 이해에 의해 획정된 국경이었다. 위도와 경도가 국경이 된 나라들도 많다. 인위적으로 국경이 설정되면서 다양한 민족과 부족 그리고 종파가 국경 내에 포함되었다. 이런 상황에서 새로 등

이란 수도 테헤란에 위치한 한 영화관

장한 집권세력은 국가 통합을 강력한 중앙집권적 권위주의 시스템으로 나아갈 수밖에 없었다. 더욱이 이들 지배층은 서구열강의 권위주의적 식민통치에 익숙해 있었다. 이들이 서방으로부터 배운 것은 민주주의가 아니라 식민지 통치방식이었다.

그런데 국민국가 형성은 상당한 기간이 소요되는 정치과정이다. 대부분 유럽 국가들이 현재의 국민국가 형성을 위해 경제성장을 동반하면서 100년 이상 공을 들여야 했다. 그러나 중동의 대부분 국가들은 아직도 중앙정부의 물리적 통제권마저도 영토전역에 미치지 못하는 나라들이 많다. 역사적 정체성 확립이나 통합의 과정 없이 1, 2차 세계대전 이후 급작스럽게 인위적으로 수립된 주권국가들이기 때문이다. 불과 50여 년 전에 등장한 국가들이다. 아직 국가통합 과정에 있는 것이다. 국민국가 형성에 있어서 초기단계라고 할 수 있다. 여기에 최근에는 인구가 폭증하면서 급증하는 저소득층과 기득권 세력 간의 계층 갈등도 확산하고 있다. 현재 테러가 많이 발생하고 있는 국가들, 즉 아프가니스탄, 파키스탄, 예멘, 수단, 소말리아, 이라크, 시리아 등이 국민국가 형성이 특히 미진한 나라들이다. 아프가니스탄의 경우 현재 정권이 '카불 정부'라고 불린다. 중앙정부의 권위가 수도에만 미친다는 것이다. 지방에 사는 사람들은 국가보다는 부족에 더 충성하는 경향도 있다.

2011년 아랍의 봄 이후 정권이 교체된 리비아와 예멘 그리고 전쟁으로 정권이 교체된 이라크와 아프가니스탄에서는 사실상 나라가 분열되는 현상이 나타나고 있다. 이들 국가는 현재 준 내전 상태다. 2003년 이라크 전쟁 이후 등장한 북부의 쿠르드자치정부는 원유수출 대금을 예치하고 분배된 예산을 수령하라는 중앙정부의 지시에도 따르지 않고 있다. 따라서 일부 학자들은 중동의 상당 국가가 아직 무암마르 카다피, 사담 후세인, 알리 압둘라 살리흐 등의 권위주의 독재체제를 필요로 한다고 주장한다. 정체성이 확립되고 국가통합이 이루어져야 민주주의와 경제성장이 제대로 뒷받침 될 수 있다는 시각이다.

중동이 화약고인 이유의 가장 기저에는 이처럼 미진한 국민국가형성 과정이 깔려있다. 그런데 이런 배경에 대해 우리는 너무 간과하고 있다. 우리가 근대에 그런 어려움을 크게 겪지 않았기 때문이다. 일제강점기 이후 우리는 비교적 쉬운 국민국가를 이룰 수 있었다. 삼면이 바다로 둘러싸여 있고, 북한마저 분리됐다. 더불어 오래전부터 우리는 단일민족이라는 강력한 정체성을 가지고 있었다. 우리의 시각으로 중동을 보는 것은 아닐까.

다. 사회주의의 약화

더불어 우리 기업의 대중동 진출에 있어 작지 않은 장애요소였던

2007년 리비아에 최초로 들어선 영어 간판, 리비아 개방의 상징이다.

사회주의의 잔재도 감소하고 있다. 중동의 대표적인 사회주의 정권들이 붕괴했거나 무너지고 있기 때문이다. 리비아, 예멘, 이집트 등이 이미 정권교체를 목격했고, 또 다른 사회주의 국가 시리아의 몰락이 진행 중이다. 중동의 생산성 저하의 걸림돌 중의 하나였던 사회주의 체제가 대부분 무너지면서, 중동에서도 보다 자유로운 자본주의적 개방경제가 급부상하고 있는 상황이다. 고용정책, 비관세장벽, 비효율적인 행정 때문에 진출이 쉽지 않았던 이들 나라에 대한 적극적인 진출 전략도 다시 수립해야 하는 상황이다.

라. 중동의 전반적 경제 환경 변화

이번 민주화사태 이후 발생할 중동의 가장 중요한 변화는 다양화와 다원화라고 할 수 있다. 우선 다양한 정치체제가 등장할 것이다. 정권이 바뀐 나라는 물론 당장은 위기에 처하지 않은 산유국도 적지 않은 변신의 노력을 거듭할 것이다. 나라마다 다른 정치체제 및 민주화 정도가 나타날 것이고, 경제정책 또한 각국의 상황에 따라 달라질 것이다. 더불어 한 국가 내에서도 다원화한 의사결정구조가 마련될 것이다. 과거 군부독재 최고 엘리트 혹은 국왕을 중심으로 한 왕족이 결정하던 사안들이 의회, 시민사회, 이익단체 등에 의해 감시와 견제를 받을 것이다. 이러한 정치 및 사회 환경의 변화는 중동 경제에도 적지 않은 영향을 줄 것이다.

(1) '지대추구형 경제(rentier economy)'의 점진적 변화

결국 정권의 붕괴나 정치체계의 변화는 두바이의 사례처럼 국가주도형 경제구조 및 제도를 뒤집어 놓을 것이다. 시민혁명에 의한 정권붕괴 그리고 민주화 작업이 진행되면서 아랍의 경제 혹은 성장 전략의 기조가 대폭 수정될 것이다. 유전 및 가스전의 소유권이 왕족이나 독재정권에서 민주적으로 선출된 정부 혹은 공기업으로 이전될 것이다. 여기서 나온 막대한 오일머니의 분배방식도 바뀔 것이다. 정부는 새로운 대규모 프로젝트 발주 등의 성장전략보다는 서민경제를 살리기 위한 분배에 더 큰 관심을 기울일 것이다.

(2) 상업주의 마인드도 점차 바뀔 것

국가 경제의 틀이 바뀌는 것과 더불어 아랍인의 투자마인드도 크게 변화할 것이다. 아랍인들은 역사적으로 제조업 보다는 현금회전에 빠른 상업에 의존해 왔다. 산업과 더 나아가 경제 전반에 있어서 아랍의 저발전 배후에는 위와 같은 상인정신이 존재한다. 가장 대표적인 변화는 제조업에 있을 것이다. 때문에 우리 기업들도 조인트벤처를 통한 이 분야의 진출방안을 마련해야 한다. 일자리를 창출하기 위해 이제부터 아랍권은 본격적으로 제조업 육성 전략을 추진할 것이다. 우리의 기술력과 현지의 오일 머니를 결합하는 새로운 협력의 틀을 창출해야 한다. 기술력을 가진 중소기업의 진출 기회가 크게 확대될 것으로 예상된다. 더불어 발전, 담수화, 정유화학 등의 플랜트 발주도 더욱 늘어날 가능성이 크다. 국민의 복지와 생활수준 향상에 산유국이든 비산유국이든 큰 관심을 기울일 것이기 때문이다.

3. 변화하는 중동

중동 국가들은 이미 1990년대부터 변화하기 위해 나름 노력을 기울이고 있었다. 석유에만 의존해서는 미래가 불확실하다는 것을 중동 정부와 국민도 너무나 잘 알고 있었기 때문이다. 때문에 대부분 중동 국가들은 산업다변화(diversification) 정책을 추진하고 있다. 서비스업과 제조업에도 많은 투자를 아끼지 않겠다는 것이다. 때문에 중동은 2011년 정치변동이 발생하기 이전부터 변신을 시도해 왔다. 중동

두바이 셰이크 자이드 로드 빌딩숲

두바이 시내 주마이라 지역 건설현장

의 변신에 모델 역할을 하고 있는 곳이 두바이다. 2008년 금융위기 이후 어려운 상황에 처해 있지만 두바이의 개벽은 중동 다른 국가들에게 개발 모델을 제시한 것만은 분명하다.

가. 두바이 신드롬

끝없이 펼쳐진 황량한 사막을 바라보는 시각은 크게 둘로 나뉜다. "너무 뜨겁고, 물도 없는 이곳에 어떻게 살아. 빨리 벗어나야지." 많은 사람이 이렇게 말한다. 이런 생각은 수천 년 이 사막을 배경으로 살아온 중동의 유목민 정신에 남아있다. 지난 40여 년간 석유를 팔아 수십 조 달러의 오일 머니를 가지고도 경제적 발전을 달성하지 못한 대부분 중동 국가가 그렇다. 전용 비행기를 타고 뜨겁기만 하고 볼 것

사람으로 붐비는 두바이 국제공항 내부 모습

없는 사막을 벗어나 시원한 유럽 등지에서 돈을 펑펑 써온 중동 산유국의 대부분 왕족이 이 부류에 속한다.

그러나 다른 생각을 펼치는 사람들도 있다. "정말 넓네. 여건이 좋지 않으니 땅값도 싸겠지. 내가 원하는 계획을 수행할 있는 곳이야. 이곳을 어떻게 개발해 볼까." 사막이라는 도화지 위에 그림을 그리듯 인간이 상상할 수 없는 프로젝트를 실행하고 있는 두바이와 그 지도자가 이 부류에 속한다. 기적적인 두바이의 시발점은 여기에 있다. 아랍에미리트(UAE)의 7개 토후국 중 하나인 도시국가 두바이. 제주도의 두 배에 불과한 작은 면적. 낙타도 헉헉거리는 열사의 땅. 약간의 석유 외에는 자원도 거의 없는 작은 사막 국가. 이런 악조건 속에서 두바이는 모래 바람이 날리는 하늘로 향해 치솟는 세계 최고층 빌딩을 짓고, 바다에는 세계 최대의 인공 섬을 건설했다.

세계 최고급 호텔 부르즈 알-아랍 호텔

단순히 외형만 바꾼 것이 아니다. 석유자원 고갈이라

는 예고된 재앙에 대비해 혁신적인 국가생존전략을 세운 것이다. 엄격한 이슬람 전통, 부패한 왕정 등의 이미지를 벗어 던지고 실리를 위해 전통도 포기하는 개혁을 단행한 것이다. 두바이를 벤치마킹 한 개발 사업이 이미 중동 전역에서 잇따르고 있다. 이를 두바이 신드롬이라고 부른다. 사우디아라비아, UAE, 카타르 등 걸프 산유국들은 두바이가 이미 실행한 허브 건설을 위해 많은 프로젝트를 구상하고 또 실행하고 있다. 2013년 기준 중동 6개 산유국에서 진행 중인 것과 곧 착수할 프로젝트 규모는 1조 2000억 달러를 넘어섰다. 상당수가 두바이에서 이미 진행된 사업들과 유사한 것들이다.

나. 주변국의 두바이 따라잡기

두바이는 아랍인가 서양인가. 자유로운 복장으로 거리를 활보하는 외국 여성들

두바이의 개벽에 가장 먼저 반응을 보인 나라들은 단연 주변 국가들이다. 대부분 산유국인 사우디아라비아, 쿠웨이트, 카타르 등은 애써 두바이의 발전을 평가절하하기까지 해왔다. '남의 돈으로 하는 개발' 혹은 '분명한 한계가 있는 도시국가 모델'이라는 평가를 내놓았다. 더불어 중동 그리고 이슬람의 보수적인 전통을 서구적인 가치로 바꿔버린 두바이에 대해 '지나친

최근 두바이를 추격하는 카타르의 수도 도하 전경

개방'이라며 비난을 보냈다. 그러나 이런 시기와 비난의 화살을 날리면서도 내심 부러움을 표해 왔다. 그리고 두바이의 성장 노선을 조심스레 따라하고 있다.

가장 먼저 그리고 적극적으로 노력하고 있는 곳은 다름 아닌 두바이가 속한 UAE 내 아부다비다. 아부다비의 추격은 적극적이다. 아부다비 투자공사 아디아(ADIA)는 수년 전부터 70~80%였던 해외비중을 60%대로 낮추고 나머지를 국내에 투자하는 정책을 실행하고 있다. 두바이 모델을 아부다비에도 적용하기 위해서다. 27억 달러를 투자해 8만평 규모의 해상 레저단지인 '사디야트 섬' 개발을 진행 중이다. 10년 안에 호텔 100개를 짓는다는 계획도 발표했다. 아부다비는 두바이와의 차별화를 위해 제조업 투자에도 큰 관심을 가지고 있다. 기간산업과 이와 관련한 인프라에 투입될 자본이 1000억 달러에 달한다. 현재 신공항과 새 항만, 산업단지 30개를 건설하고 있다. 특히 석유화학과 중공업 중심의 대규모 산업단지에 아부다비는 투자를 아끼지 않고 있다.

주변의 다른 걸프 산유국인 카타르, 쿠웨이트, 오만, 그리고 바레인에서도 이미 두바이를 따라잡기 위한 본격적인 대형 프로젝트들이 진행 중이다. 카타르는 110억 달러를 들여 두바이에 버금가는 관광 및 고급 주거 단지를 세울 계획을 추진하고 있다. 이를 위해 신공항 건설에만 50억 달러를 쏟아 붓고 있고, 인공섬 펄-카타르(Pearl-Qatar)도 25억 달러를 들여 건설 중이다. 뿐만 아니라 카타르는 국제금융센터 조성을 추진하면서 두바이를 본떠 100% 외국인 지분과 무제한 외환송금을 허용키로 했다. 쿠웨이트는 석유 화학시설에 집중하고 있다. 중화학공업 육성으로 두바이와 약간의 차이점을 두고 있지만 '경쟁심'을 드러내고 있다. 오만은 물류시설과 부동산 개발에 엄청난 투자를 진행하고 있다. 1980년대와 90년대 중동의 금융 중심지였던 바레인도 금융 인프라를 정비해 오일 머니가 되돌아오도록 안간힘을 쓰고 있다. 더불어 두바이처럼 30억 달러를 투자해 해안에 13개의 인공 섬을 만들어 초호화 리조트단지를 꾸밀 계획이다.

다. 이슬람 종주국의 변신 노력

두바이의 움직임에 걸프 최대 산유국인 사우디아라비아도 변화를 추구하는 모습이다. 수십 년간 세계 최대 산유국이었던 사우디아라비아는 소비 성향의 정부 지출을 투자로 전환하는 중이다. 가장 엄격

사우디아라비아 제다의 킹덤타워 조감도

한 이슬람국가인 사우디아라비아도 결국 미래를 위해 서서히 문을 열고 있는 것이다. 두바이 부동산 개발업체 이마르와 사우디아라비아 건설업체가 참여한 컨소시엄이 2005년 12월 '킹 압둘라 경제도시'를 착공했다. 266억 달러의 공사비가 투입되는 사우디아라비아 사상 최대 프로젝트이다. 사우디아라비아 서부 홍해 연안 항구도시 제다에서 약100여km 북쪽에 위치한 이곳에는 최첨단 자유무역항과 산업도시가 곧 들어설 전망이다.

제2의 도시이자 최대 상업 도시인 제다에 약 100억 달러를 투입하는 '제다 힐(Hill)' 신도시 프로젝트도 추진 중이다. 고급 빌라 2만 채를 짓는다. 항구도시 제다를 관광도시화하겠다는 취지다. 관광객을 불러들이고 사우디아라비아의 자존심을 회복하기 위해 세계 최고층 건물 건설도 제다에서 한창 진행 중이다. 2019년 완공 목표로 현재 건설 중인 킹덤 타워(Kingdom Tower)다. 원래 1마일 타워를 구상했지만 기술 여건상 1km의 높이로 조정됐다. 1조 3,000억 원이 투입된 이 공사가 완료되면 현재 세계 최고층은 두바이의 부르즈 칼리파(Burj Khalifa)보다 173m 더 높은 건물이 등장한다. 사우디아라비아 정부는 또 수도 리야드에서 북쪽으로 700여km 떨어진 오아시스 지역인 하일에 향후 10년에 걸쳐 80억 달러를 투입해 경제신도시를 건설하겠다는 청사진을 발표했다. 서북부의 메디나 인근지역에서는 지식경제도시 프로젝트가 추진 중이다. 총사업비가 1000억 달러가 넘는다. 15년 내에 완공되면 사우디아라비아가 추진 중인 6개 주요 산업센터도시 중 하나가 된다. 2020년께 지식경제도시 6곳이 완공되면 500만 명을 수용할 수 있는 주택이 들어서고 100만개의 일자리가 창출될 전망이다.

사우디아라비아에도 들어선 스타벅스

사우디아라비아는 이외에도 석유화학을 국가 기간산업으로 지정해 대규모 투자를 단행하고 있다. 사우디아라비아 정부는 이미 2004~2009년까지 석유화학산업 육성 5개년 계획을 수립하고 약 900억 달러를 투자했다. 정부가 투자를 책임지는 관행에서 벗어나 외국인 투자도 적극 유치하고 있다. 엑손모빌, 셸, 미쓰비시, 셰브론 등 외국기업과의 합작 사업이 총 투자 액의 70%를 차지했다. 시장 개방과 계획적 투자를 통해 사우디아라비아 정부는 향후 전 세계 석유화학제품 공급시장의 15% 장악을 목표로 하고 있다.

국가경쟁력 강화에 필수적인 인적 자원 개발을 위한 투자를 확대하는 것에도 사우디아라비아는 큰 노력을 기울이고 있다. 지나치게 많은 외국인 노동자를 자국 인력으로 대체하기 위한 정책이다. 자국민의 기술수준을 높이기 위한 기초교육과 직업훈련 프로그램을 강화하고 있다. 이를 위해 사우디아라비아는 아랍권 최고의 기술 인력을 양성한다는 목표를 세우고 과학기술대학인 카우스트(KAUST: The King Abdullah University of Science and Technology)를 설립했다. 2008년 9월 문을 연 이 대학의 학생에게는 학비, 교재비는 물론 생활비까지 사우디아라비아 정부가 부담한다.

4. 테러의 확산

2015년 초 이슬람국가(IS)는 생포한 요르단 조종사를 화형이라는 전례 없는 방식으로 처형했다. 1월 말 두 명의 일본인 인질을 참수한 것에 이어 비인간적인 테러를 감행하면서 세계를 경악케 했다. 2014년 3월 러시아 엔지니어를 비공개 참수한 뒤 모두 9명의 외국인 인질이 희생되었다. 미국의 IS 공습에 직접적으로 동참한 동맹국뿐만 아니라 간접 지원국도 '참수 위협'을 피해갈 수 없음을 보여준다. 지난 해에는 미국인 3명과 영국인 2명을 잇따라 살해했다. IS가 장악하고 있는 시리아와 이라크에서는 상황이 더 심각하다. 장악한 지역에서 이라크와 시리아 정부군 및 경찰을 사살하고 있다. 민간인들 특히 소수 종파와 민족들에 대한 집단 학살도 이어지고 있다. 또 타종교인과 소수민족들을 거주지에서 다른 지역으로 추방하고 있다.

문제는 IS가 이라크, 시리아 등 주 근거지를 넘어 북아프리카, 유럽, 아시아 등지에서도 동시다발 테러를 일으키며 세력을 무한 확장하고 있다는 것이다. 리비아 동부의 항구도시 데르나를 장악하고 있는 IS 리비아 지부는 이집트 콥틱 기독교인 21명을 참수하는 동영상을 2월 15일 공개했다. 이 조직은 참수 동영상에서 지중해를 넘어 로마까지 정복할 것이라고 선언하기도 했다. 1월 30일에는 파키스탄 탈레반(TTP)의 한 분파인 '준둘라(알라의 군대)'가 시아파 사원을 폭탄

외국으로 탈출하려는 사람으로 붐비는 시리아 북부의 간이 버스 정류장

으로 공격해 61명이 사망했다. 이 조직도 IS에 지지를 선언했다. 하루 전인 29일에도 IS에 충성을 맹세한 무장 단체 '시나이 지방(Sinai Province)'이 이집트 시나이 반도 일대의 군 기지와 검문소, 경찰서 등을 공격해 민간인 등 40명 이상이 사망했다. 1월 28일에도 IS 리비아 지부를 자처하는 세력이 수도 트리폴리의 코린시아 호텔을 공격해 3명이 숨졌다. 알제리의 무장세력 '준드 알-칼리파'와 예멘의 알-카에다 세력도 IS에 충성을 맹세했다.

유럽에서도 IS 연계 조직의 테러가 이어지고 있다. 2월 14일 덴마크 코펜하겐에서 무함마드 풍자 화가를 노린 테러를 저지르고 사살된 용의자 우마르 알-후세인도 IS 지도자에게 복종을 맹세하는 내용을 자신의 페이스북에 남겼다. 1월 9일 파리에서 발생한 유대인 식료품 가게 공격도 IS 소행으로 밝혀졌다. 2월 11일에는 호주에서 이슬람국가(IS)와 연계된 것으로 보이는 테러 음모가 적발됐다. 체포된 용의자 두 명의 집에는 자체 제작한 이슬람국가 깃발과 무기가 발견되었고, 용의자 중 한 명이 테러가 임박했음을 언급하는 내용의 동영상도 나왔다. 총기난사, 폭탄공격, 참수, 화형, 자살폭탄테러, 집단처형 등 온갖 무자비한 테러를 국가와 지역을 가리지 않고 저지르고 있는 조직이 IS다. 글로벌 테러의 전형을 보여주고 있다.

가. 알-카에다와 차원이 다른 IS

IS의 활동은 알-카에다 등 기존의 테러조직보다 더 잔혹한 방법을 동원하고 있다. 자신들이 장악하고 있는 지역과 전 세계에 심리적 공포감을 조성하는 것이 그 목표다. 그러나 더욱 심각한 것은 IS가 전략적 측면에서 알-카에다와 차별성을 갖는다는 점이다. 지하드(성전)를 인식하는데 있어서 IS는 오사마 빈 라덴과 다르다. 서방의 침략에 대해 지하드를 수행함으로써 이슬람공동체(ummah)를 보호한다는 방어적 개념의 지하디즘이 빈 라덴의 인식이었다. 그러나 IS는 타크피르(takfir: 다른 무슬림을 불신자로 규정하는 시각 혹은 행위) 개념을 적극 활용해 다른 무슬림들에 대한 공격에도 주저하지 않고 있다. IS도 글로벌 지하디즘의 목표를 가지고 서방과 대치하고 있지만, 자신들이 장악한 지역에서의 내부 지하드에 더 많은 관심과 활동을 보여주고 있다. 빈 라덴이 서방을 공격하면서 "사악한 뱀의 머리(미국과 이스라엘)를 우선 잘라야 한다"고 강조했던 것과는 달리, IS의 설립자인 아부 무사브 알-자르카위(Abu Musab al-Zarqawi)는 "사악한 뱀의 몸통(중동의 정권 및

팔레스타인 가자지구의 무장단체 시위장면

비이슬람적 사회)을 타격하는 것이 더 시급하다고 간주했다. 즉, 빈 라덴 지도 하에서 알-카에다는 내부의 적보다는 서방을 자극하는 것에 우선순위를 두었다면, IS의 최고 관심사는 내부적 정화(purification)라고 할 수 있다.

다른 테러 조직과 달리 IS는 또 경계는 모호하지만 시리아 동부와 이라크 서부를 아우르는 '영토(territories)'에 대한 통치권을 주장하고 그 지역에 '칼리파 제도'를 수립했다는 것이다. 어떠한 국가도 이를 승인하지는 않고 있지만, 테러 조직이 수립한 최초의 칼리파 국가다. 알-카에다 아라비아반도(AQAP) 혹은 마그렙 알-카에다(AQIM)처럼 거점이라고 불릴 정도의 소규모 지역을 장악하고 은밀하게 활동하던 과거 혹은 기존의 다른 테러 조직들과는 달리 이슬람국가는 방대한 지역을 장악하고 국가를 선포하고 공개적으로 활동하고 있다.

방대한 '영토'를 장악하고 있다는 것도 큰 의미를 갖지만, 보다 중요한 것은 IS가 실제로 국가의 기능을 하고 있다는 점이다. 정치행위도 통치도 지하활동이 아닌 공개적인 방식이다. 장악 지역에서 나름대로의 대중의 지지도 확보하고 있다. 물론 시리아의 내전과 이라크의 종파갈등과 같은 과거에는 볼 수 없었던 역내 불안정으로 인해 IS가 이 같은 활동을 할 수 있다. 기존 국가의 통제권이 상실된 지역에서 IS는 영향력의 범위를 확대하고, 통치 자금을 마련하고, 전사를 훈련시키고, 대중의 지지를 강화하고 있다. 다른 어떤 테러 조직들이 과거에 달성한 적이 없었던 수준의 영향력이다.

2014년 6월 29일 IS가 칼리파 국가를 선포한 것은 이슬람주의 운동의 획기적인 전환점이라고 할 수 있다. 이를 통해 IS는 이슬람주의 운동의 선봉조직이자, 유일한 '합법적'인 지하드 운동임을 주장할 수 있게 되었다. 칼리파 국가를 건설하는 것을 궁극적 목표로 하는 알-카에다 조직의 정통성에 정면으로 도전하는 세력으로 부상한 것이다. 아부 바크르 알-바그다디가 아이만 알-자와히리에 앞서 글로벌 지하드의 주도권을 쥔 것이다. 이로 인해 최근 알-바그다디에 충성맹세를 하는 테러조직의 수가 크게 늘고 있다. 결국 IS는 테러 조직에서 본질적인 이슬람의 이상국가을 추구하는 정치세력으로 변신에 어느 정도 성공했다고 볼 수 있다. 알-바그다디는 이슬람주의에 동조하는 전 세계 극단주의자들에게는 상당히 매력적이고 설득력을 가지는 상황을 조성한 것이다.

나. 사이버 공간 활용하는 21세기 테러

인터넷과 SNS로 연계된 21세기의 테러 양상은 과거와 크게 다르다. 대표적 특징 중 하나는 테러와 범죄 주체의 개인화 혹은 소규모화다. 김 군처럼 인터넷과 SNS를 통해 테러단체에 가입을 시도할 수 있다. 인터넷에도 모든 정보를 다운로드받아 집에서도 폭탄을 제조할 수도 있다. 슈어스팟(Surespot) 등 암호화한 메신저 등을 통해 정보기관의 추적도 따돌릴 수도 있다. 이 모든 것이 방에 홀로 앉아서도 인터넷만 있다만 가능하다는 얘기다. 즉, 자신, 사회, 그리고 국가에 대한 불만이 쉽게 테러와 범죄로 전환될 수 있다는 것이다. 테러 예방도 그만큼 어려워진 것이다. 한국에서는 다행히 심각한 테러가 발생하지는 않았지만, 앞으로도 완전히 차단할 수 있다고 장담할 수는 없다.

인터넷 홍보물 다비끄에 게재된 전사의 모습

더욱 심각한 문제는 IS의 선전 및 홍보 전략이다. 알-카에다 등 20세기 테러세력과는 다르다. IS는 21세기 테러의 전형이다. 홍보와 선전에 있어서 통신기술을 교묘하게 이용하고 있다. 인터넷과 사회관계망서비스(SNS)를 사용한다는 것이다. 트위터, 페이스북 인스터그램(Instagram), 킥(Kik), 애스크닷에프엠(Ask.fm), 브이케이(VK) 등의 인터넷 및 소셜네트워크서비스(SNS)를 통해 수백만의 청소년들에게 자신들의 주장을 전파하고 있다. 과거 중동에서 제작된 아랍어로 된 조악한 동영상, 성명서 등이 아니다. 고화질의 동영상과 다양한 색채로 편집된 가독성이 높은 영어 게시 글들이 올라오고 있다. 여기에 최근 인기를 얻고 있는 'GTA'라는 게임을 이용해 자신들의 전투장면을 홍보하기도 한다.

IS가 작성한 수백 개의 홍보물이 사이버 공간에 존재한다. 누구라도 접근할 수 있다. 이런 선전 방식은 전 세계에서 지원자를 모집하기 위한 것이다. 극소수이지만 이슬람과격주의에 심취한 청소년들을 모집하려는 것이다. "집과 생필품을 제공한다," "월급도 준다," "결혼도 시켜준다" 등의 그럴듯한 정보를 올려 자국 사회 내에서 불만을 가진 청소년들을 유인하고 있다. 그러나 사실이 아니다. 먹을 것과 잠잘 곳은 제공되겠지만, 대부분 이라크나 시리아로 간 청소년들은 군사훈련을 받고 테러에 이용된다. 자살폭탄공격을 위해 몸에 폭탄을 두르기도 한다. 이처럼 IS와 같은 테러조직과 범죄조직은 인터넷과 SNS를 이용해 자신들의 목적을 위해 이용할 청소년들을 노리고 있는 것이다. 한국인 김 군을 포함해 90여 개국 청소년들이 이 덫에 걸리고 말았다.

다. 범국가적 테러와의 전쟁

IS의 테러 행위와 확산 속도가 세계 곳곳을 위협하면서 국제적인 대테러 공조도 급물살을 타고 있다. 시리아와 이라크 내 IS에 대한 다국적군의 지상 작전 준비가 본격화하고 있다. 버락 오바마 대통령은 3년 기한의 무력사용권(AUMF) 승인을 의회에 공식 요청하며서 특수부대를 동원한 제한적 지상전 가능성을 2월 11일 공개적으로 밝혔다. 13일에는 제3전투여단 4,000명을 쿠웨이트에 파견했다. 지상전을 대비한 것이다. 4~5월 중 개시할 이라크 북부 도시 모술 탈환작전을 위해 이라크 정부군 등 2만 5,000명의 병력을 투입할 것이라는 군사작전 계획을 2월 19일 언론을 통해 이례적으로 공개했다.

군사적 조치 외에도 테러확산 방지를 위한 노력도 이어지고 있다. 지난 해 9월 유엔안전보장이사회는 '외국인 테러 전투원 방지' 결의안을 만장일치로 채택했다. 테러 전투원의 모집과 조직화, 이동, 여행 및 활동경비 조달을 막기 위한 것이다. IS 등 테러조직에 대한 군사적 조치로만 테러를 완전히 차단하기 불가능하다는 판단에 근거한 것이다. 2월 18일부터 이틀간 미국 워싱턴에서 열린 테러대응 정상회의도 열렸다. 세계 60여 개국에서 참가한 이번 회의에서는 젊은이들 사이에 극단주의 확산을 차단하기 위해 정보 공유를 포함해 IS에 대한 대응을 강화하기로 합의가 이뤄졌다. 결국 군사작전과 테러 방지노력으로 IS는 약화될 것이다. 또 IS 테러조직의 영향력이 이라크 서부와 시리아 동부를 넘어서지는 못할 것이다. 최대 5만에 불과한 IS 대원이 추가적으로 다른 지역을 장악할 가능성도 적다. IS 테러로 인해 전면전 양상의 또 다른 전쟁이 발생하지는 않을 것이다.

PART 02

소통과 매너

01 소통과 매너

1. 중동인과의 소통

특정 지역에서의 원활한 소통을 위해서는 편안함이 동반되어야 한다. 상대방에 따라 혹은 현지 문화에 따라 언어적 그리고 비언어적 의사소통은 상당히 다를 수 있다. 중동 지역은 우리와는 좀 다른 소통의 방식을 가지고 있다. 우선 중동, 특히 걸프지역에서 가장 유의할 점은 만나는 사람이 모두 아랍인이 아니라는 것이다. 외국인 근로자들이 많다. 거리에서 보행 시 만나는 사람들은 대부분 외지인들이다. 현지인들은 가까운 거리도 차량을 타고 이동한다. 따라서 상대방이 누구인지를 정확히 파악하고 행동 및 소통해야 한다.

아랍 국가 22개국 중 대부분 국가는 자국인이 인구의 절대다수를 차지한다. 그러나 걸프 산유국들은 좀 다르다. 사우디아라비아, UAE, 카타르, 쿠웨이트, 바레인 등에는 외국인이 전체 인구의 30%

다이어트 맛사지 제품을 현지인에
체험케해주는 한국 기업인

에서 80%를 차지한다. 카타르의 외국인 비중이 이 중 가장 높다. 걸프지역에서 근무하고 거주하는 외국인들은 다양한 국가 출신이다. 미국, 영국 등 선진국 출신 체류자는 석유시추, 제조업 등의 기술직 혹은 전문직에 종사하거나 관리직, 교육자, 고문 등의 업무에 주로 종사한다. 기업이나 기관의 최고 결정권자는 현지인이지만, 상부 관리직에는 많은 서양인들이 포진하고 있다. 두 번째 부류의 외국인 체류자들은 주로 인근 아랍국가 출신이다. 현지인들과 헷갈리는 경우가 많다. 중간 관리직, 교육, 의료, 그리고 근로자까지 다양한 분야에서 활동하고 있다. 그리고 주로 3D 업종에서 일하는 외국인들은 파키스탄, 인도, 필리핀 등 주로 동남아 출신이다. 이들 외국인들은 아랍화한 있는 경우도 있지만 대부분 일반적인 국제적 기준에 의거해 소통하면 된다. 아래의 소통방식은 아랍인들을 대상으로 한 것들이다.

가. 비언어적인 요소의 강세

중동인들의 소통방식에는 비언어적인 요소가 강하다. 미국의 심리학자 알버트 메흐라비안(Albert Mehrabian)에 따르면 중동인의 소통에는 비언어적 요소가 93%를 차지한다고 한다. 제스처가 많고 또한 복장을 통해서도 자신의 개방정도를 표현하기도 한다. 나라에 따라서도 좀 차이가 있다. 석유 부국의 현지인들은 점잖은 편이다. 반면 경제적으로 어려운 나라의 사람들은 보다 적극적이고 활달한 움직임과 표정을 보이곤 한다. 지위와 신분에 따라 상이한 소통 방식과 제스처도 나타난다. 상류층의 경우 느리고 적은 움직임을 보이며, 무감각한 감정표현을 가지고 있다. 위에서 내려다보는 것 같은 시선도 특징이다. 그러나 일반인들은 큰 제스처를 써 가며 과장된 몸짓을 이용해 적극적인 감정표현을 하고 목소리도 대체적으로 크다.

나. 도입부분이 길고 산만한 대화

중동인들은 본론 전 신변 잡담을 통해 긴장을 푸는 경향이 강하다. 날씨, 음식, 스포츠 등의 이야기로 대화를 시작한다. 특히 축구에 대한 관심이 많다. 유럽의 유명 리그에서 활약하는 자국 선수에 대해 관심을 보이면 대화가 한층 부드러워 질 것이다. 더불어 중동인들은 단도직입적으로 이야기하는 것보다는 암시적이고 혼합적인 주제로 대화를 이끈다. 지나치게 직접적인 표현으로 상대방을 묘사하거나 상품 혹은 거래과정을 지적한다면 당혹해 할 것이다. 최대한 부드럽게 둘러서

두바이를 방문한 이해찬 전 총리

이야기하는 것이 좋다. 중동 사람들은 또 과장과 은유를 통해서 입장을 강조하기도 한다. 말 속에 담긴 정확한 의미를 신중하게 파악해야 한다. 중동인들은 산만한 대화도 즐기는 편이다. 너무 진지한 대화에 대해서는 부담을 느낀다. 특히, 대화나 협상 중에 결제, 전화 수신, 주변 사람들과의 인사 등 상당히 산만한 분위기가 조성되기도 한다.

다. 감수성과 해학이 짙은 대화

유목민은 호전적인 기질도 가지고 있지만 상당히 감성적이다. 메마르고 거친 환경에 살기 때문에 감성적인 것들을 추구한다. 이슬람의 경전 쿠란도 딱딱하게 낭송되지 않는다. 우리의 불경처럼 상당히 운율이 담겨있다. 시를 특히 좋아한다. 아랍어가 어렵다면 영시라도 몇 개 외우고 있다면 적극적으로 활용할 필요가 있다. 해학적인 대화는 협상의 윤활유 역할을 할 것이다. 대화는 이들에게 중요한 문화적 요소다. 황량하고 메마른 사막에 사는 유목민들은 밤에 모닥불을 피워놓고 이야기를 하면서 무료한 시간을 보냈다. 아직도 '디완(diwan)'이라는 사랑방 문화가 아랍 성인들의 여가 이용 방법이다. 해가 지면 차를 마시면서 이런 저런 얘기를 하면서 친목을 도모한다. '밤새 이야기하다'라는 표현이 한 단어인 '사마라(samara)'로 존재한다. 아라비안 나이트의 샤흐라자드 왕비는 천 하루 밤을 재미있는 이야기를 하면서 목숨을 구하고 왕의 사랑을 얻게 된다. 대화가 끊기는 것을 좋아하지 않는다. 즐겁게 대화에 참여하는 것이 예의다. 체면을 중시하는 아랍에서는 손님이 침묵을 지키고 있으면 노심초사한다. '자신의 대접에 문제가 있나'라는 생각을 하게 된다. 침묵보다는 수다가 아랍에서는 더 잘 통한다. 가벼운 대화에 적극 참여하면서 부드러운 분위기 속에서 사업 이야기를 꺼내는 것이 일반적이다.

라. 가까운 대화 거리

중동에서는 대화 시 거리가 가까운 편이며 눈길을 나누며 즐겁게 이야기 한다. 중동인들은 밀착된 상태에서 이야기하기를 좋아한다. 동성끼리는 신체적인 접촉도 즐긴다. 어깨를 두드리거나 팔을 잡거나, 서로의 눈을 뚫어지게 보곤 한다. 따라서 신뢰가 쌓일수록 중동인들은 더욱 가까이 다가올 것이다. 거부하지 말고 우호적인 감정을 적극적으로 표현하는 것이 좋다.

2. 중동인의 정서와 비즈니스 관행

가. 명예의 중시

유목 민족의 전통 중 가장 중요한 것은 명예와 체면 혹은 위신이다. 자존심이 강하며 자신은 물론 가족, 가문, 그리고 부족의 명예를 상당히 중시한다. 가족 및 가문의 명예를 지키기 위해 부정한 행위를 한 여동생을 살해하는 '명예살인' 전통이 일부지역에 남아 있다. 긍정적인 결과로는 환대의 전통이 등장한다. 손님을 극진히 모시는 것도 자신의 위신과 깊은 관련이 있다고 생각한다. 친절, 자비로움, 고귀함 그리고 용맹함은 목숨과도 바꿀 수 있는 중요한 가치다. 따라서 중동인들은 '잘못했다'라는 사과의 발언을 잘 하지 않는다. 사과를 받으려 하지 않는 것이 좋다. 따라서 외국인이 현지인의 실책을 큰 소리로 지적하면서 자존심을 건드린다면 심각한 결과를 가져올 수 있다. 고용관계라는 그날로 파면될 수도 있다. 따라서 사실 관계가 어떻든 중동인을 자극하거나 공개적으로 비난하는 것은 어리석은 행동이다. 더불어 서방의 식민통치를 받았던 경험이 있기에 서방의 영향에 대해 반감을 가진 사람들도 많다. 때문에 영국, 미국 등이 아직도 영향력을 행사하고 있다는 등의 발언은 금물이다.

나. 연줄의 중요성

중동인들은 계약서보다는 사람에 대한 신의를 중요시 한다. 이를 위해 신뢰할만한 연줄(Wasta)과 인맥을 중시한다. 중개인과 비서가 우리와는 달리 상당히 중요한 연줄 역할을 한다. 이들이 상담을 원하는 고위급 인사와 연결해 주지 않으면 아무 것도 이룰 수가 없다. 따라서 중동 시장 진출은 충분한 시간, 비용, 그리고 노력이 필요하다. 이를 위해 현지에 사무실이나 지사를 두는 것이 바람직하다. 현지에 거주하거나 최소한 수시로 방문해야 현지인과 인간관계를 형성할 수 있다. 이런 과정을 거쳐야 최고 의사결정권자와 만날 수 있다. 아무리 좋은 물건이라도 느닷없이 나타나 보여준다면 중동인들은 큰 관심을 안 보인다. 이런 식으로 접근해 오는 외국인을 상대도 하지 않는 경우가 많다. '제안서를 제출하라' 혹은 '샘플과 상세한 상품 소개서를 보내라'는 중간 단계를 거치고 계약이나 거래를 시작한다. 이 과정에서 연줄과 인맥이 큰 작용을 한다.

다. 에이전트와 스폰서

중동 지역에서 비즈니스를 본격적으로 추진할 경우 중요한 단계는 현지인이나 현지 기업과 스폰서십 혹은 에이전시 계약을 체결하는 것이다. UAE 등 일부 국가의 자유무역지대에서는 이 같은 조건이 면제되어 100% 투자가 가능하다. 그러나 대부분 국가 그리고 자유무역지대 이외에서는 현지 업체 및 기업을 에이전트 혹은 스폰서로 선정해야 한다. 이들 에이전트와 스폰서는 중동 지역 비즈니스에서 절대적이다. 사업이나 광고를 위해서도 필요하고, 더욱 중요한 것은 현지 정부 및 기업과의 연결고리 역할을 한다. 대부분 국가에서는 현지인 혹은 자국 기업만이 정부 기관에 사업자로 등록할 수 있다. 좋은 스폰서를 만나는 것은 사업의 성패와 직결되곤 한다. 일단 계약이 체결되면 일방적으로 파기하기도 어렵다. 따라서 에이전트를 선정하기 전에 상대방의 인간성, 인간관계, 평판, 재정상태 등을 면밀히 검토할 필요가 있다.

라. 가부장적 의사결정

중동에서는 계약 등 중요한 의사결정이 주로 최고 책임자에 의해

결정된다. 가부장적 권위주의가 아직 많이 남아 있는 곳이 중동이다. 따라서 거래를 위해서는 최고 의사결정권자와 어떻게 만날 수 있는가가 관건이다. 중간에 거치는 단계가 많을수록 실질적인 거래 시작까지는 긴 시간이 걸릴 수밖에 없다. 더불어 협상을 결정할 권한이 있는 사람이 출장을 가는 것이 바람직하다. 중동의 책임자는 결정권이 없는 외국인 사업가를 만나려 하지 않는다. CEO가 직접 아니면 최소한 결정권을 가진 임원이 파견되어야 현지 상황에 맞게 신속한 결정을 내릴 수 있다. '그 문제는 상관에게 물어보고 연락드리겠습니다'고 말한다면 계약은 사실 물 건너간다. 중동인들은 이런 식으로 말하는 사람을 다시 보려 하지 않을 것이다.

마. 협상과 흥정은 기쁨

중동인들은 흥정을 즐긴다. 오래된 전통이다. 협상과 흥정이 곧 비즈니스라고 생각한다. 상행위가 사실상 유일한 출세의 길인 사막 유목사회에서 이를 즐기려는 습성이 등장했다. 협상과 타협을 즐겁고, 건전한 게임이라고 생각한다. 협상에 이겨 상대방이 물러나면 좋아한다. 뛰어난 협상 능력을 가진 사람은 직장이나 사회에서 존경받는다. 가격을 깎거나 무언가를 덤으로 얻기를 즐긴다. 중동의 경영자들은 협상을 단순히 가격을 낮추기 위한 것이라고 보지 않는다. 장기간의 협상을 거쳐 사업의 타당성을 재확인하고 보다 실효성 있는 사업으로 재구성하는 과정이라고 생각한다. 따라서 모든 제안은 반드시 융통성을 수반해야 한다. 신뢰를 잃을 정도로 가격을 낮추어서는 안 되지만, 적절한 선에서 신속하게 융통성 있게 대응하는 것이 중요하다.

바. 철저한 실용주의

중동인들은 빠르게 사안의 본질을 꿰뚫어 본다. 척박한 사막에서 생존하기 위해 자연스럽게 길러진 본능이라고 할 수 있다. 가장 가까운 우물을 차지해야 한다는 현실적인 것들이 최대 관심사였다. 과거에 연연하지 않는다. 미래는 알라의 뜻에 달렸다. 약속을 하면 인샬라(In Sha Alla: 알라가 원하신다면)라는 표현을 사용하는 것도 여기서 나왔다. 가장 중요한 것은 현재다. 철저한 계획과 준비 혹은 미래의 일을 앞당겨 고민하는 것은 성가신 일이다. 따라서 어떤 제안 혹은 프로젝트가 자신 혹은 가족 그리고 가문에 어떤 이익을 가져다 줄 것인지에 대해 매우 민감하다. 자신에게 유익하지 않은 것에는 관심이 없다. 중동인들은 절대 느리지 않다. 1분 먼저 도착하기 위해 과속을 즐긴다. 다만 관심이 없거나 유익하지 않은 것에는 관심도 노력도 들이지 않는다. 개인의 이익과 혜택이 자연적인 욕구라고 믿는다. 이슬람 종교도 철저한 사유재산 보장과 부의 창출을 장려한다.

바. 상대방 치켜세우기

명예와 체면 문화가 팽배한 중동에서는 비방과 중상 그리고 모욕은 용인할 수 없는 행동이다. 오히려 서로에게 '좋은 말'을 해주는 것이 중요한 전통이다. 사실과 다르고 지나치게 과장된 것이어도 문제가 되지 않는다. 무자말라(mujamalah)라는 문화다. '아름답게 하다'는 동사의 동명사 형태다. 상대방을 좋게 평가하고 꾸며주는 것은 일종의 대화 그리고 협상 문화다. 따라서 '최고' 혹은 '최대'라는 용어가 상당히 자주 쓰인다. 무안할 정도로 상대방을 높이 치켜세우는 것이 좋은 행동이다. 특히, 당사자가 있는 자리에서 그를 다른 사람에게 소개할 때는 더욱 그렇다. 실제로 '몇 차례' 거래를 해보았더라도 '자주'라는 용어를 쓰는 것이 좋다. 품질 혹은 신용이 '최고'인 업체라고 소개하는 것이 좋다. 따라서 보는 앞에서 혹은 뒤에서라도 상대방을 비하하거나 비난하는 언행은 절대 안 된다. 상대방의 명예와 체면을 구기는 행동이다. 속이 상하고 화가 나더라도 상대방과 단둘이 있을 때만 조용히 차분하게 언급해야 한다. 공식석상에서는 최대한 즐겁게 상대방을 칭찬하는 것이 바람직하다. 높아진 체면을 유지하기 위해서라도 '큰 손'이 되는 경우가 많다.

3. 매너와 유의사항 (Dos and Don'ts)

가. 일반 매너

(1) 인사 매너

반드시 오른손을 사용하고, 연장자에게 먼저 인사를 올리는 것이 예의다. 특히 먼저 본 사람이 인사를 건네는 것이 관행이다. 볼을 대고 쪽 소리를 내는 전통적 인사방식도 있으나 악수를 하면 큰 문제가 없다. 여성과 인사할 경우는 말로 해도 되나, 여성이 먼저 악수를 청하면 받아들인다.

(2) 초대와 방문 매너

환대의 전통을 가진 중동에서는 가급적 초대에 응하는 것이 바람직하다. 타인의 집이나 사무실에 방문할 경우 기념품 혹은 초콜릿 같은 선물은 필수다. 선물이 없을 경우 무시당한다고 인식하기도 한다. 타인의 집을 방문할 때는 허락을 득하고 들어간다. 집안의 여성이 이슬람 복장을 하지 않았을 수도 있다. 방문한 집의 혹은 주인의 소유물에 지나친 관심은 금물이다. 집주인은 환대의 표시로 마음에 드는 물건을 주어야 한다고 생각한다.

(3) 식사 매너

오른 손을 사용해 먹는다. 외국인에게는 숟가락과 포크 그리고 나이프가 제공되기도 하지만 전통방식인 손가락으로 음식을 모아 먹으면 더 친숙한 인상을 줄 수 있다. 이야기를 하면서 천천히 먹는다. 음식을 권하면 받는 것이 예의다. 가급적 많이 먹어주는 것이 초대한 사람을 즐겁게 한다. 음식을 많이 남기거나 적게 먹으면 자신이 준비한 음식이 맛있지 않거나 입에 맞지 않는다고 생각하며 실망한다.

(4) 현지 문화의 존중

돼지고기와 술, 인형 등 우상이 될 수 있는 선물, 왼손 사용, 남녀 간 지나친 신체접촉, 사생활과 아내에 대한 질문, 단식 달(Ramadan) 기간 공공장소에서의 취식 혹은 흡연, 기도의 방해 등 금지된 사항을 파악하고 지켜주어야 한다. 용어 사용에 있어서도 이슬람(Islam)은 종교이고 그 신자는 무슬림(Muslim)이라고 칭하는 것을 구분해야 한다. 이슬람의 사도 무함마드(Muhammad)를 마호메트나 모하메드로 부르는 것은 실례다. 더불어 이슬람의 가장 중요한 의무와 믿음인 '오주육신(五柱六信)' 정도는 알고 있어야 한다. 다섯 기둥이라 불리는 오주는 모든 무슬림의 의무로 샤하다(Shahad: 신앙고백, 알라 외에 다른 신은 없고 무함마드는 알라의 사도다), 쌀라(Sala: 하루 5번 예배), 사움(Saum: 라마단 기간 한 달간의 단식), 자카트(Zakat: 수익의 2.5%를 기부하는 희사), 핫지(Hajj: 평생의 한번 사우디아라비아의 메카와 메디나 성지 순례)다. 육신은 여섯 가지 믿음이다. 모든 무슬림은 창조주 알라, 알라의 계시를 전한 천사들, 구약 계시를 포함한 경전들, 구약에서부터 등장하는 사도들, 최후의 심판, 알라의 뜻에 따라 삶을 사는 정명을 믿는다.

나. 권장사항(Dos)

(1) 먼저 인사하라!

인사는 중동에서 가장 중요한 매너다. 예의바르게 하는 것도 당연하지만, 더 중요한 것은 타이밍이다. 먼저 인사를 건네는 것이 바람직하다. 무슬림들은 먼저 인사를 할 경우 알라가 현세 및 내세에서 더 많은 축복을 준다고 믿고 있다. 쿠란도 "누가 먼저 인사를 해 오면, 더 상냥하게 답하라. 알라는 너희들이 하는 인사의 횟수도 다 세고 계시느라."고 명시하고 있다(알-누르 장, 86절). 때문에 중동에서는 길에서 지나치는 전혀 모르는 사람도 '앗쌀람 알라이쿰'이라고 먼저 인사를 건네는 경우를 흔히 볼 수 있다. 이 경우 꼭 답을 하는 것이 좋다. '와 알라이쿰 앗쌀람'이 그 답이다. 이슬람의 종교가 규정해 놓고 있지만, 이런 인사방식은 원래 중동 유목민의 전통이다. 우물을 지키기 위해 모든 남성이 무장을 하고 1년 내내 전투태세를 유지하는 곳이 유목사회다. 먼저 인사를 하는 것은 공격할 의사가 없다는 것을 명확히 밝히는 것이다. 긴장을 풀고 대화를 시작할 준비가 되었다는 의사표현이기도 하다.

(2) 오른 쪽이 우선

중동에서 나란히 걷다가 문이 나타나면 현지인은 손님을 오른쪽으로 밀어 먼저 통과할 것을 정중히 요청할 것이다. 손님이나 중요한 인물이 오른쪽에 위치해야 한다고 중동인들은 생각한다. 좀 친해지면 현지인을 오른쪽으로 위치하도록 제안하는 것도 미덕이다. 사무실을 방문해서 인사를 하고 앉을 때도 보통 상대방의 오른쪽에 놓은 의자에 앉는다. 오른쪽의 자리를 양보해 주는 것도 바람직한 행동이다. 물건을 건네줄 때, 사람들과 신체접촉을 할 때도 오른 손을 사용해야 한다. 무장을 하고 항상 우물을 지켜야 했던 중동 인들은 손바닥이 보이며 오른 손을 내미는 것이 우호적인 제스처였다. 무기가 없다는 것을 보여주는 것이다. 따라서 과거에는 우리와 마찬가지로 왼손잡이를 선호하지 않았다.

(3) 커피와 차를 즐겨라!

중동 지역에서 어디를 가더라도 커피와 차를 대접받는다. 커피 대접은 거절할 수 없는 것이다. 'No'라고 말하면 주인의 위신에 손상을 주는 태도다. 중동인은 주인으로서 행세하길 좋아한다. 주인의 위신을 높여주는 행동이 바람직하다. 작은 찻잔에 다소 쓴 맛 혹은 향신료가 섞인 커피가 제공될 것이다. 중동의 대표적인 과일인 대추야자도 곁들여질 것이다. 특별한 사정이 없는 한 마시는 것이 좋다. 환대를 거절하면 주인은 당혹해 한다. 보통 두세 잔을 마신다. 오른 손으로 받아서 홀짝홀짝 마시면 된다. 이 때 잔을 내려놓으면 안 된다. 들고 있는 잔이 비면 또 따라줄 것이다. 이 때 빈 잔을 손가락을 이용해 흔들면 더 이상 마시지 않겠다는 신호다. 잔을 수거해 갈 것이다. 차는 보통 작은 유리잔에 나온다. 다 마신 후에 흔들 필요는 없다. 그대로 찻잔 위에 두면 된다.

(4) 선물은 존중의 의미

선물은 아랍에서 '인맥을 구축하고 유지'하는 필수적인 수단이다. 사무실이나 집을 방문할 때 빈손으로 온다면 자신의 사회적 지위를 얕본다고 생각한다. 면전에서 인상을 구기지는 않을 것이다. 하지만 부인, 가족, 그리고 다른 손님들 앞에서 체면이 손상되었다고 느낄 것이다. 아랍 남성들은 부인에게도 많은 선물을 한다. 주로 금과 보석 혹은 명품이다. 부인의 열 손가락과 팔목을 모두 금으로 치장해주는 경우가 많다. 편안한 가정생활을 위해 부인의 '체면'을 살려주는 남편의 자상한 배려다. 비즈니스 미팅의 경우 고가의 선물이 오가지는 않는다. 계약이 체결되고 감사의 표시로 수수료를 줄 때는 주로 현금이다. 일반 방문이나 협상에서는 간단하면서도 정성이 담긴 선물이 좋다. 비싼 선물일 필요는 없다. 세심하게 상대방의 건강을 챙겨주는 인삼차 등이 가장 좋다. 다만 우상을 금기시하는 이슬람의 전통을 고려할 필요도 있다. 동물 조각, 인형, 인물화 등은 삼가야한다.

(5) 축제에는 축하 메시지를

중동에는 종교와 관련한 큰 축제들이 여럿 있다. 이를 축하하는 메시지와 카드를 보내는 것은 인맥을 구축하고 우호적인 관계를 유지하는데 필수적이다. 가장 큰 축제는 이드 알-아드하(Eid al-Adha)다. 성지순례 기간 중에 행해지는 희생제다. 아브라함이 아들 이스마일(기독교에서는 이삭)을 알라께 바치려 했다가 양을 대신 바친 것을 기리는 축제다. 보통 5일 이상 축제기간이고 공식 휴일이다. 이 때 축하 카드를 보낸다. 두 번째 큰 축제는 이드 알-피트르(Eid al-Fitr)다. 단식이 끝나고 갖는 단식 종료제다. 보통 3일 이상 휴일이다. 이 축제와 더불어 라마단 단식이 시작될 때도 카드를 보내곤 한다. 이때 사람들을 만나면 라마단 카림(Ramadan Karim: 자비로운 단식)이라는 인사말도 잊지 않는 것이 좋다. 이슬람력으로 새 해 첫날도 휴일이다. 라으스 알-사나(Ras al-Sana)라고 한다. 무함마드가 메카에서 메디나로 이주한 날이다. 이슬람의 역사가 시작된 날이다.

(6) 하람(Haram)과 할랄(Halal)을 구별하라!

이슬람에서 금지하는 것을 하람이라고 칭하고 허용된 것을 할랄이라고 한다. '하람'이라는 말을 듣는 다면 무언가 행동을 잘못하고 있는 것이다. 음식에서도 자연사로 죽은 동물, 이슬람에서 허용하지 않은 방식으로 도축된 가축, 피, 돼지고기, 비계와 내장, 술, 도박, 이자 등이 이슬람에서는 금지되어 있다. 금지된 행동과 음식을 잘 구분할 수 있어야 한다. 할랄은 이슬람에서 허용된 것을 통칭하며 특히 음식에 있어서 유의해야 한다. 할랄 고기만 제공해야 한다. 이슬람식으로 도축된 고기를 의미한다. 예배를 드리고, 도축 시 최대한 고통을 줄이는 방식으로 숨을 끊어주어야 한다. 가장 중요한 것은 도축 시 '비스밀라(Bi Ism Allah: 알라의 이름으로)'라는 말을 해야 한다. 창조주만이 피조물의 목숨을 결정지을 수 있기 때문이다. 피조물인 인간이 다른 피조물 가축의 생명을 앗아갈 권한이 없기 때문에 알라의 이름으로만 할 수 있는 것이다.

(7) 이슬람력을 파악하라!

이슬람국가의 공문 혹은 문서의 날짜 부분에 H라는 문자가 있는 경우가 많다. 아랍어 히즈라(Hijra)의 영문 표기 첫 글자다. 히즈라는 '이주'라는 뜻이다. 무함마드가 메카에서 메디나로 이주한 것을 의미한다. 서기 622년이다. 이 해가 이슬람의 첫 해다. 이슬람력은 622년을 원년으로 한다. 2015년은 히즈라력으로 1436년이다. 영어로는 앞에 H를 붙여 H1436년이라고 표기한다. 622년은 이슬람에서 중요한 의미를 가지는 해다. 무함마드가 이주를 통해 첫 번째 이슬람 공동체가 설립한 해다. 이슬람체제가 본격적으로 시작된 신성한 해다. 서한의 H를 지운다거나, 그 위에 낙서를 한다거나 하는 것은 행동은 바람직하지 않다. 다른 곳에 H를 쓸 때도 다시 한 번 생각해야 한다.

(8) 인내하라!

중동인들은 약속에 잘 늦는다. 날씨 탓일 수도 있고, 낙천적인 성격 때문일 수도 있다. '알-사브르 자밀(al-Sabr Jamil).' 아랍인들이 즐겨 쓰는 표현이다. '인내는 아름답다'라는 의미다. 거칠고 황량한 사막의 힘든 삶 속에서 등장한 마음가짐을 일컫는 말이다. 서두른다고 크게 달라질 것이 없는 유목의 삶이 반영되어 있다. 더불어 뜨거운 날씨에 지친 삶 속에서 느긋해진 자신들의 행동방식을 다소나마 위안하려는 의도도 담겨있다. 따라서 아랍에서는 상당히 많은 것들이 천천히 진행된다. 그것이 바로 이들의 삶의 패턴이기도 하다. 종교적으로도 알라가 정해준 운명에 따라 사는 것이 이들의 믿음이다. 약속에 늦었다고 화를 내는 경우는 거의 없다. 적지 않은 사람들이 그런 행동을 이해하지 못한다. 기도를 위해 상담 자리를 비우고 늦게 온다고 해서 이를 두고 비난하거나 짜증내는 사람도 없다. 특히 종교적인 이유로 늦거나 기다리게 한다면 웃으면서 '잘 다녀왔나'라고 따뜻하게 말 한다면, 친분은 더욱 두터워질 것이다.

(9) 토킹 포인트를 갖고 대하라!

중동에서는 즐겁게 대화에 참여하는 것이 예의다. 지나치게 과묵한 것은 협상에서 바람직한 접근방식이 아니다. 상대방을 만나기 전에 꼭 토킹 포인트를 챙겨가야 한다. 상대방의 직업, 지위, 취미, 그리고 관심사항을 파악하고 이와 관련한 이야기 거리를 미리 준비하는 것이 대화를 부드럽게 이끌어나가는 방법이다. 물론 서양에서도 중요한 것이지만, '말하는 것'이 취미인 중동인들과 만날 때는 더욱 철저한 준비가 필요하다.

(10) 진솔하게 대하라!

다른 문화권에서도 비슷하지만 중동에서도 진솔함이 장기적으로는 가장 큰 보상을 받는다. 눈앞의 이익만 추구하다보면 얼마 가지 않아 신뢰가 무너지게 된다. 5,000년 동안 장사를 최고의 비즈니스로 살아온 사람들이다. 상대방을 파악하는 데는 말로 표현할 수 없는 직관을 가진 사람들이다. 한 번 신뢰가 무너지면 그 소문은 아주 빠르게 업계에서 퍼진다. 의리를 저버리는 행동도 금방 들통 나는 곳이 중동이다. 연줄로 서로 얽혀있는 비즈니스 네트워크를 가진 곳이다. 당장의 이익이 좀 적더라도 장기적으로 진심으로 대하면 상상할 수 없는 큰 보상이 주어질 수도 있는 곳이 바로 중동이다. 신뢰가 구축되고 평판이 좋아진다면 '안 되는 일'도 되게 할 수 있는 곳이 중동이다.

다. 금기사항 (Don'ts)

(1) 화내지 말라!

밝고 둥글고 온화한 인상은 중동인들이 추구하는 자신의 모습이다. 과거 우리처럼 '보름달' 같은 인상을 좋아한다. 자신의 자상함을 보여주기 위해 체면 문화도 강하다. 옷을 잘 입고 좋은 차나 액세서리를 갖춘다. 지인이나 손님을 집으로도 초대하지만, 외식을 할 경우에도 무리하는 경우가 많다. 따라서 화내는 사람보다는 좋은 말을 해주고 잘 웃는 사람을 선호한다. 이런 사람을 '담무 카피프(피가 가벼운 사람)'이라는 칭한다. 말을 많이 하고 웃거나 웃기기를 잘 하는 사람을 좋아한다. 시의 종류 중에도 '마다흐(칭송시)'가 있을 정도다. 때문에 화를 내는 사람을 좋아하지 않는다. 더욱이 외국인이 자신에게 화를 내는 상황을 절대로 받아들이지 못한다. 외국인은 일단 '손님'이라는 인식을 가지고 있다. 만약 손님이 화를 내면 정말 치욕적인 상황이다. 손님을 극진히 모셔야 하는 것이 중동의 전통이다. 우리와 같다. 얼굴에 먹칠한다는 표현이 있다. 절대로 여러 사람이 있는 곳에서 현지인에게 화내거나 큰소리치면 안 된다. 모욕감 때문에 더 이상 만나거나 거래하지 않을 것이다.

(2) 손가락으로 사람을 부르지 말라!

중동에서는 손가락을 까닥이며 사람을 부르는 행동은 무례한 짓이다. 중동에서 신호로 사람을 부르고 싶다면 팔을 쭉 뻗어 손을 자신의 몸 쪽으로 여러 번 움직이거나, 팔을 위로 들어 손바닥을 하늘로 향하게 하고 모든 손가락을 쥐었다 폈다 반복하는 것이 바람직하다. 가장 좋은 것은 신호가 아니라 말이다. 올 때가지 조금 기다리거나 손수 움직여서 다가가는 것이 더 낫다.

(3) 직설적으로 'No'하지 말라!

중동에서는 대놓고 'No'라고 말하는 것은 무례한 행동이다. 중동에서는 길을 물어봐도 모른다고 답하는 사람이 많지 않다. 사실은 모르면서도 기꺼이 도와주려 한다. 만약 부정적인 의견을 가지고 있다면 최대한 돌려서 말해야 한다. '안 된다'라고 말하는 것보다는 다른 핑계를 대는 것이 오히려 더 낫다. 이와 마찬가지로 중동인들의 반응을 오해해서도 안 된다. 중동인들은 마음에 들지 않아도 공손하게 아주 흥미로운 척을 하면서 긍정적인 모습을 보인다. 속으로는 반대하면서 혹은 제안에 전혀 관심이 없으면서도 직접적으로 표현하지 않는다.

(4) 현지 여성에게 지나친 관심은 금물

중동은 보수적인 곳이다. 특히 여성에게는 더욱 그렇다. 의상에서도 보수적인 성향이 많이 드러난다. 사우디아라비아에서는 여성이 자동차를 타거나, 레스토랑에서 식사를 하거나, 여행을 떠날 때도 반드시 남성과 동행한다. 남성은 반드시 직계 가족이어야 한다. 여성을 동반할 수 있는 남자를 마흐람(Mahram: 금지된 것)이라고 칭한다. 사촌까지는 결혼이 가능하기에 그보다 더 가까운 직계가족, 즉 결혼이 금지된 남성을 뜻한다. 남편, 아버지, 오빠와 남동생, 아들 등이다. 사촌끼리도 단 둘이 만나는 것을 금지하기에 중동의 여성들에게 지나친 접근과 관심을 가지면 심각한 상황이 발생할 수 있다.

(5) 지나친 노출과 애정표현은 No!

나라마다 크게 다르지만 외국인이라도 지나친 노출은 안 된다. 몸에 딱 붙는 티셔츠, 비키니, 짧은 치마, 민소매 상의, 가슴이 파인 셔츠 등을 입고 공공장소에 출입한다면 시선을 끌 수 있다. 외국인이 많은 관광지에서는 큰 문제가 없지만 현지인이 많은 지역에서는 옷차

림에 유의해야 한다. 더불어 동반한 이성과의 지나친 애정표현도 문제가 될 수 있다. 공공장소에서의 키스나 진한 포옹 혹은 성적인 신체접촉을 법적으로 처벌하는 나라들도 있다. 사우디아라비아에서는 이슬람 국가 중 유일하게 무타와(Mutawwa: 도덕의 감시자)라는 종교경찰이 있어 전통에 어긋나는 의상과 행동을 하는 내외국인을 야단치거나 체포할 수도 있다.

(6) 허락 없이 사진 촬영하지 말라!

중동인들은 이방인이 허락도 없이 자신들을 사진 찍는 것을 싫어한다. 모든 종류의 이미지는 이슬람 교리에서 금하는 우상으로 받아들여진다. 소수 무슬림들은 사진도 그 범위에 포함된다고 생각한다. 특히 공공장소에서 현지 여성을 촬영하는 것은 보수적인 중동문화에 반한다. 더불어 대부분 중동국가에서는 군사 및 안보시설 그리고 공공기관의 촬영을 법으로 금하고 있다. 다만 공식적인 행사 등에서는 사진 촬영이 일반적이기에 문제가 되지 않는다.

(7) 발바닥을 보이지 말라!

발바닥 그리고 이를 감싸는 양말과 신발은 중동에서 가장 더러운 신체부분 혹은 물건이다. 자주 씻을 수 있는 물이 부족하고 맨발로 활동하는 사막에서 발은 가장 더러워지기 쉬운 부분이다. 따라서 발바닥을 상대방에 노출하는 것은 큰 실례다. 따라서 신발과 양말은 더 오염된 것이다. 신발을 벗어 던지는 것은 상대방에게 가장 모욕을 주는 행위다. 무슬림들은 하루에 다섯 번 기도할 때마다 발을 빼놓지 않고 씻는다. 신성한 장소에 더러운 발을 들여놓지 않기 위해서다. 신발을 벗어 털거나 혹은 흔드는 행위는 좋지 않다. 대화를 나눌 때도 가급적 다리를 꼬고 앉는 것은 좋지 않다. 발바닥 혹은 신발의 밑창을 보이는 것은 상대방의 기분을 망치는 행위다. 회의나 상담 시에는 가급적 깨끗한 구두를 신는 것이 좋다.

(8) 종교적 논쟁은 금물!

이슬람은 단순한 개인적 종교가 아니다. 국가 및 사회 운용 시스템이다. 이슬람은 태동부터 국가건설과 깊은 관련이 있다. 사도 무함마드는 종교를 전파하면서 이슬람공동체인 움마(umma)를 설립한다. 이슬람국가의 초기 형태다. 무슬림들은 이 움마가 알라의 계시와 가르침에 근거한 가장 완벽한 국가형태라고 생각한다. 또한 이슬람의 율법에 근거한 사회가 가장 알라의 뜻을 반영한 공동체라고 믿고 있다. 때문에 이슬람국가는 대부분 선교를 법으로 금지한다. 개인의 종교를 바꾸는 것은 궁극적으로 자신들이 가장 완벽한 시스템이라고 믿고 있는 국가와 사회의 근간을 흔드는 것으로 간주한다. 아무리 가까운 친구가 되더라도 종교적인 논쟁을 벌이고 나면 멀어질 수 있다. 절교하지는 않더라도 분명한 서로의 벽이 생기게 된다. 중동의 무슬림들에게 이슬람은 모태신앙이다. 태어날 때부터 가진 신앙이다. 이슬람은 또 생활종교다. 매일 다섯 번 예배를 드리면서 신앙을 실천한다. 태어나면서 그리고 생활종교의 틀 속에서 성장한 무슬림들에게 이슬람은 생활이자 자신의 정체성이다. 이에 대한 반론을 제기하거나 개종을 권유하는 발언은 상당히 심각한 문제를 야기할 수도 있다.

(9) 정치적 주제는 피하라!

외국인이 중동의 뿌리 깊은 정치·종교적 갈등과 반감에 대해 언급하는 것도 그리 환영받는 발언이 아니다. 적지 않은 중동인들은 서방 제국주의를 중심으로 외부 세력의 개입이 중동의 민주화를 더디게 하고 있다고 주장하고 있기 때문이다. 중동의 갈등과 분쟁은 다양한 배경이 교차하면서 발생하는 것들이다. 역사적, 민족적, 종파적, 정치적, 부족적, 경제적, 사회·문화적 그리고 외부적 배경이 존재한다. 또 중동은 모자이크 사회다. 특히 유럽의 제국주의세력이 자신들의 이해에 따라 국경을 일방적으로 획정한 곳이다. 다양한 민족, 부족, 종파 등이 어우러져 살고 있다. 때문에 대부분의 중동국가들은 인구조사(census)를 하지 않는다. 국가 내 인구구성은 상당히 민감한 사안이다. 복잡하고 다양한 사람들이 존재하는 곳이 중동이기 때문에 생각 없이 내뱉은 정치적, 종교적, 민족적 말 한마디가 심각한 결과를 초래할 수 있다. 더불어 아직은 권위주의적 정치가 팽배한 곳이기에 비밀경찰 혹은 정보조직이 상당히 강력한 영향력을 행사한다. 작은 정치적 실수가 비즈니스를 완전히 망치는 경우도 있다.

(10) 상대방 소유물에 대한 지나친 관심은 No!

중동에서는 만나는 사람의 소지품 혹은 방문한 장소의 특정 물품에 지나친 관심을 보여서는 안 된다. 시계가 멋있다고 한 번 정도 언급하는 것은 괜찮지만 여러 번 반복하면 상대방은 부담스러워 한다. 방문한 집의 꽃병이 예쁘다고 한 번 말하는 것은 괜찮지만 여러 번 반복하고 자꾸 만져보면 주인은 고민하게 된다. 손님을 잘 접대해야 하는데 선물로 줘야할지 말지 갈등에 휩싸인다. 결국 선물로 포장하는 사태가 발생한다. 그렇게 되면 받기도 그렇고 안 받자니 주인이 서운해 하는 당혹스런 상황이 이어진다.

PART 03

여행 정보와 상황별 회화

01 중동 각국 여행정보

국가명	전기 규격	화폐 단위	환율(원)	언어	국가 번호	한국과의 시차	개방 정도
레바논	220V, 50Hz	리라	0.7	아랍어	+961	7시간	상
리비아	127V, 50Hz	디나르	876.87	아랍어	+218	8시간	하
모로코	110V, 220V, 50Hz	디르함	120.48	아랍어	+212	9시간	상
모리타니아	220V, 50Hz	우기야	3.65	아랍어	+222	9시간	하
바레인	230V, 50Hz	디나르	2804.10	영어, 아랍어	+973	6시간	중
사우디 아라비아	127/220V (단상), 220/380V (삼상), 60Hz	리얄	281.80	아랍어	+966	6시간	하

국가명	전기 규격	화폐 단위	환율 (원)	언어	국가 번호	한국과의 시차	개방 정도
소말리아	220V, 50Hz	실링	1.36	아랍어, 소말리아어	+252	6시간	하
수단	230V, 50Hz	주나이히	184.91	아랍어	+249	6시간	하
시리아	220V, 50Hz	리라	6.4	아랍어	+963	7시간	중
아랍 에미리트	220V, 240V 50Hz	디르함	288.73	아랍어	+971	5시간	상
알제리	230V, 50Hz	디나르	12.6	아랍어, 베르베르어	+213	8시간	하
예멘	220V, 50Hz	리얄	4.9	아랍어	+967	6시간	하
오만	240V, 50Hz	리얄	2929	아랍어	+968	5시간	중
요르단	220V, 50Hz	디나르	1503	아랍어	+962	7시간	상
이라크	220V, 50Hz	디나르	0.91	아랍어	+964	6시간	중
이란	220V, 50Hz	리얄	0.04	페르시아어	+98	6시간	하
이스라엘	220V, 50H	셰켈	282.49	아랍어, 히브리어	+972	7시간	상
이집트	220V, 50Hz	기니	148.81	아랍어	+20	7시간	상
지부티	220V, 50Hz	프랑	5.95	프랑스어, 아랍어	+253	6시간	하
카타르	240V, 50Hz	리얄	292.20	아랍어	+974	6시간	상

국가명	전기 규격	화폐 단위	환율(원)	언어	국가 번호	한국과의 시차	개방 정도
코모로	220V, 50Hz	프랑	2.71	프랑스어, 아랍어, 스와힐리어	+269	6시간	하
쿠웨이트	240V, 50Hz	디나르	3674.92	아랍어	+965	6시간	상
터키	220V, 50Hz	리라	484.33	터키어	+90	7시간	상
튀니지	110V, 220V, 50Hz	디나르	582.01	아랍어, 프랑스어	+216	8시간	상
팔레스타인	230V, 50Hz	세켈	282.49	영어, 아랍어	+970	7시간	하

권장사항 - 요약

1 시간 관념이 강하지는 않지만, 비교적 약속을 잘 지키는 편이니 약속 시간을 지켜라.

2 관공서, 은행은 보통 금, 토 휴무제로 많이 바뀌었으나 아직까지 목, 금 휴무제를 사용하는 경우도 있어 목, 금, 토요일을 제외한 날에 방문 해라.

3 미팅 시, 남자는 정장을 착용하는 것이 무난하며, 여성은 무릎 위 기장의 치마나 가슴이 파인 옷은 피하라.

4 고개를 숙여 인사하기 보다는 악수나 볼을 맞대는 인사 해라.

5 미팅 전에 축구 등과 같은 스포츠를 주제로 한 이야기나, 관광지나 음식 같은 가벼운 주제의 이야기 해라.

6 초대를 받았을 때 시간을 반드시 지키고 꽃이나 디저트 같은 간단한 선물을 준비해라.

7 저녁식사 초대 시, 보통 식사를 늦게 시작하므로 가볍게 요기를 하는 것이 좋으며, 식사 시 음식 및 차, 디저트 등은 남기지 마라.

8 정말 곤란한 부탁을 받았을 때는 정중히 거절하도록 하라.

9 현지 언어 인사말 정도는 숙지하도록 하라.

10 라마단 기간에는 근무시간도 변경되므로 미리 확인 후, 방문하라.

11 무슬림 마다 다르지만 할랄 여부에 대해 고려하라. (음식 뿐만 아니라 화장품, 의약품에 적용되는 경우도 있으므로 항상 유의하라)

금기사항 - 요약

1 비즈니스 자리에 여성이 동석하는 것을 강요 하지 마라.

2 아랍인들은 과장이 심하고 비즈니스에 능하므로 비즈니스 초반에 계약조건을 바로 공개하지 마라.

3 식사 시 술, 돼지고기, 햄 등과 같은 금기음식은 삼가라.

4 우리 나라 식사 시간대보다 조금 늦게 진행되므로 서두르지 마라.

5 외출 시, 반팔, 반바지, 민소매 의상 등 노출이 심한 의상은 피하라.

6 종교나 정치 등과 같은 민감한 사안에 대해서는 언급하지 마라.

7 초대 및 접대문화가 발달했으므로 초대나 선물을 거절하지 마라.

8 보통 가족이 사용하는 공간과 초대 시 응대 하는 공간이 분리 되어 있으니 유의 하라.

9 익숙하지 않은 것에 많이 경계하므로 억지로 권하지 마라.

10 이슬람전통복장을 한 여성을 빤히 쳐다보거나 다가가서 말을 걸지 마라.

11 이슬람의 알라나 선지자 무함마드에 대해 공개적으로 비난 하거나, 공공장소에서 이스라엘-팔레스타인 문제와 같은 민감한 정치문제를 논하지 마라.

12 남자는 여성에게 먼저 악수를 권하지 마라.

13 라마단 기간에 해가 떠 있는 동안 무슬림 앞에서 물을 마시거나 무언가를 먹지 마라.

14 나라마다 차이는 있으나 수영장, 호텔, 식당 등 공공 여가시설에 남녀간 분리가 된 곳이 많으므로 유의하라.

15 기도 시, 방해 하지 마라.

16 이슬람 사원 방문 시, 의상에 유의하고 소란을 피우지 마라.

17 비즈니스 미팅 시, 여성만 참석하지 않도록 하라.

18 회사 업무, 외부 행사 참석, 거래업체 상담 시 전통 의상을 즐겨 입으니 정장을 입지 않았다고 해서 상대방을 낮게 평가 하지 마라.

19 선물을 줄 때 할랄과 하람 여부에 반드시 유의하도록 하라.

20 타인을 비난하거나 개인적인 것에 대해 묻지 마라.

02

주요 언어별 실무 회화

상황별 회화 아랍어

인사표현

안녕하세요	السلام عليكم.	As-salaamu ‘alaykum
어떻게 지내세요?	كيف حالك؟	Kaifa haaluka(남) / haaluki(여)?
잘 지냅니다. 감사합니다!	أنا بخير، والحمد لله.	Ana bikhayrin, wa-lhamdu lilla
좋은 아침입니다.	صباح الخير. صباح النور.	Sabaahal-khayr Sabaahan-nuur
좋은 저녁입니다.	مساء الخير. مساء النور.	Masaal-khayr Masaan-nuur
어서 오세요.	أهلا وسهلا.	Ahlan wasahlan
또 만납시다.	إلى اللقاء.	Ilal-liqaa
좋은 날 보내세요.	يومًا سعيدًا.	Yauman sa‘iidan

축하합니다.	مبروك.	Mabruuk
좋은 여행이 되기를 바랍니다.	رحلة سعيدة.	Rihla sa'iida
감사합니다.	شكرا.	Shukran
천만에요	عفوا.	'Afwan
실례합니다.	عن إذنك. لو سمحت.	'An idhnika(남) / idhniki(여) Lau samahta(남) / samahti(여)
미안합니다.	آسف. آسفة.	Aasif(남) Aasifa(여)
괜찮습니다	لا مشكلة.	Laa mushkila
당신의 이름은 무엇입니까?	ما اسمك؟	Maa smuka(남) / smuki(여)
제 이름은 000 입니다.	اسمي ٠٠٠.	Ismii 000
만나서 반갑습니다.	فرصة سعيدة.	Fursa sa'iida
한국에서 왔습니다.	أنا من كوريا.	Anaa min kuuriyaa
영어를 할 수 있습니까?	هل تتكلم اللغة الانجلزية؟	Hal tatakallamu al-lughal-injiliziya?
여행을 하고 있습니다.	أنا مسافر. أنا مسافرة.	Anaa Musaafir.(남) Anaa Musaafira.(여)

기내 및 공항에서

핸드폰을 꺼 주세요.	أغلق الهاتف المحمول (الموبيل) من فضلك.	Aghliqil-haatifal-mahmuul (al-mubail) minfadlik
안전벨트 착용해주세요.	اربط حزام المقعد.	Irbitt hizaamal-maq'ad
앉아 주세요.	اجلس من فضلك.	Ijlis min fadlik
물 주세요.	أعطني ماء.	A'ttinii maa
여권을 보여 주세요.	جواز السفر من فضلك.	Jawaaz as-safar minfadlik
방문 목적이 무엇입니까?	ما الهدف من الزيارة؟	Maal-hadaf minaz-ziyaara?
여행하러 왔습니다.	هدف زيارتي سياحة.	Hadaf ziyaaratii siyaaha
000에 얼마나 머물 겁니까?	كم يوما ستبقى في ٠٠٠؟	Kam yauman satabqaa fi 000?
일주일 간 머물 겁니다.	سأبقى خلال أسبوع.	Saabqaa khilaala usbuu'in
세관에 신고하실 물건이 있습니까?	هل لديك أي شيء لتعلن؟	Hal ladayka ayyu shayin li tu'lina?
네, 있습니다. / 아니오, 없습니다.	نعم، موجود/ ليس موجودًا.	Na'am, maujuud / laisa maujuudan
실례지만, 분실물 보관소가 어디 있습니까?	لو سمحت، أين مركز المفقودات؟	Lau samahta, ayna markazal-mafquudaat?
제 가방이 도착하지 않았습니다.	لا تصل حقيبتي.	Laa tasilu haqiibatii
버스/지하철을 어디에서 탑니까?	أين محطة الأتوبيس/المترو؟	Ayna mahattatal-utuubis / mitruu?

택시 타는 곳은 어디에 있습니까?	أين موقف التاكسي؟	Ayna mauqiful-taksii?
어디로 가십니까?	إلى أين تذهب؟	Ilaa ayna tadhhabu?
000로 갑니다.	أذهب إلى ٠٠٠.	Adhhabu ilaa 000
이 주소로 가려고 합니다.	خذني إلى هذا العنوان.	Khudhnii ilaa hadhal-'unwaan
티켓이 얼마입니까?	بكم تذكرة؟	Bikam tadhkira?
화장실은 어디입니까?	أين حمام؟	Ayna hammaam?

호텔에서

방이 있습니까?	هل هناك غرفة فارغة؟	Hal hunaaka ghurfa faarigha?
싱글룸/더블룸을 원합니다.	أريد غرفة لشخص/لشخصين.	Uriidu ghurfa lishakhsin/ lishakhsaini
하룻밤에 얼마입니까?	كم سعر الغرفة ليوم واحد؟	Kam si'rul-ghurfa liyaum waahid?
가격에 아침 식사가 포함됩니까?	هل يشمل سعر الفطور؟	Hal yashmalu si'rul-futtuur?
방 번호가 무엇입니까?	ما رقم الغرفة؟	Maa raqmul-ghurfa?
방을 볼 수 있습니까?	هل يمكن أن أشاهد الغرفة؟	Hal yumkinu an ushaahidal-ghurfa?
아침 6시에 모닝콜 부탁합니다.	أريد الإيقاظ في الساعة السادسة صباحا.	Uriidul-iiqaadh fis-saa'a-saadisa sabaahan

언제 아침식사를 합니까?	متى أستطيع تناول الفطور؟	Mataa astattii'u tanaaulu-futtuur?
몇 시에 방을 비워야 합니까?	متى أغادر الفندق؟	Mataa ughaadirul-funduq?
엘리베이터는 어디에 있습니까?	أين المصعد؟	Ayna-lmis'ad?
식사를 방으로 주문해도 됩니까?	هل يمكن أن أطلب الطعام؟	Hal yumkinu an attlubat-tta'aam?
세탁 서비스가 있습니까?	هل يمكن أن أستخدم خدمة الغسل؟	Hal yumkinu an astakhdima khidmatal-ghasl?
여기에 수건이 없습니다.	لا توجد منشفة هنا.	Laa tuujadu manshifa hunaa
에어컨이 작동하지 않습니다.	لا يشغل التكييف.	Laa yashghulu at-takyiif
방이 너무 시끄럽습니다.	الغرفة مزعجة جدا.	Al-ghurfa muz'ija jiddan
방을 바꿀 수 있습니까?	هل تستطيع أن تنقلني غرفة اخرى؟	Hal tastattii'u an tanqulanii ghurfa ukhra?
오늘 떠납니다/내일 떠납니다.	أغادر اليوم/غدا.	Ughaadir al-yauma / ghadan
계산서를 받을 수 있습니까?	هل أعطني الفاتورة؟	Hal a'ttiniil-faatuura?
신용카드로 지불해도 됩니까?	هل أستطيع دفع الحساب ببطاقة الإئتمان؟	Hal astattii'u daf'al-hisaab bibittaaqatil-itimaan?
택시를 불러주실 수 있습니까?	أطلب التاكسي من فضلك.	Uttlubit-taksii min fadlika

은행 및 환전

환전소가 어디입니까?	أين المصرف؟	Aynal-masrif?
환전할 수 있습니까?	هل يمكن أن أصرف؟	Hal yumkinu an asrifa?
언제 은행이 문을 엽니까?	متى يفتح البنك؟	Mataa yaftahal-bank?
언제 은행이 문을 닫습니까?	متى يغلق البنك؟	Mataa yughliqul-bank?
달러를 이집트 파운드로 환전하고 싶습니다.	أريد أن أصرف الدولار إلى الجنيه المصري	Uriidu an asrifad-duulaar ilal-junaihil-misrii
이 수표를 현금으로 바꿀 수 있습니까?	هل يمكن أن أصرف هذا الشيك إلى نقود.	Hal yumkinu an asrifa hadhas-shiik ila nuquud?
오늘 달러 환율이 얼마입니까?	كم سعر الدولار اليوم؟	Kam si'rud-duulaar al-yauma?
1달러에 5이집트 파운드입니다.	الدولار الواحد خمسة جنيهات.	Ad-duulaarul-wahid khamsatu junayhaat
100이집트 파운드 지폐로 원합니다.	أريد أن أصرف هذا النقود إلى مائة جنيه مصري.	Uriidu an asrifa hadhan-nuquud ila miat junaih misrii
현금 인출기가 어디에 있습니까?	أين ماكينة سحب النقود؟	Ayna maakinat sahbin-nuquud?
은행 계좌를 개설하고 싶습니다.	أريد أن أفتح حسابا	Uriidu an aftaha hisaaban
제 계좌의 잔액이 얼마인지 알 수 있을까요?	هل تعرفني رصيدا في حسابي؟	Hal tu'arrifuni rasiidan fi hisaabi?
입금이 되었는지 확인하고자 합니다.	أريد أن أؤكد الإيداع.	Uriidu an uakkidal-iidaa'

기다리세요.	انتظر من فضلك.	Intadhir min fadlik
수수료를 얼마 지불해야 합니까?	بكم الرسوم؟	Bikamir-rusuum?
수표를 입금하려고 합니다.	أريد إيداع الشيك.	Uriidu idaa'as-shiik
돈을 출금하려고 합니다.	أريد أن أسحب النقود.	Uriidu an ashaban-nuquud
돈을 송금하려고 합니다.	أريد تحويل النقود.	Uriidu tahwiilan-nuquud
신용카드를 신청하려고 합니다.	أصدر لي بطاقة الإئتمان.	Asdir lii bittaaqatal-itimaan
여기 사인해 주십시오.	وقع من فضلك.	Waqqi' min fadlika

식당에서

무엇을 드시고 싶습니까?	ماذا تريد أن تأكل؟	Maadhaa turiidu an taukula?
우리는 아랍 음식을 먹고 싶습니다.	نريد أن نأكل طعامًا عربيًا.	Nuriid an naukula tta'aaman 'arabiyan
좋은 식당을 추천해 주실 수 있습니까?	هل تعرفني مطعمًا جيدًا؟	Hal tu'arrifuni matt'aman jayiidan?
4인 테이블을 예약하고자 합니다.	أريد أن أحجز مكانا لأربعة أشخاص.	Uriidu an ahjiza makaanan li arba'at ashkhaas
좌석을 예약했습니다.	حجزت مكانا.	Ḥajaztu makaanan
메뉴를 볼 수 있습니까?	هل أعطني قائمة الطعام؟	Hal a'ttinii qaaimata-tta'aam?

무엇을 주문하시겠습니까?	أي خدمة؟	Aya khidma?
무엇을 추천하십니까?	هل تساعدني في الاختيار؟	Hal tusaa'iduni fil-ikhtiyaar?
같은 것을 원합니다.	أريد نفس الشيء.	Uriidu nafsus-shay
무엇을 마시겠습니까?	ماذا تشرب؟	Maadhaa tashrabu?
맛있게 드세요.	شهيا مريئا.	Shahiiyan mariian
웨이터!	النادل	An-naadil
후식이 있습니까?	هل عندكم حلوى ؟	Hal 'aindakum halwaa?
후식은 어떤 것들이 있습니까?	ما أنواع الحلوى عندكم؟	Maa anwaa'ul-halwa 'aindakum?
정말 맛있습니다.	لذيذ جدا.	Ladhiidh jiddan
배가 부릅니다.	أنا شبعان.	Anaa shab'aan
제가 계산하겠습니다.	أشتري لكم الطعام.	Ashtarii lakumut-tta'aam
계산서 주세요.	الفاتورة من فضلك.	Al-fatuura min fadlika
봉사료가 포함되어 있습니까?	هل رسوم الخدمة مشمولة؟	Hal rusuumul-khidma mashmuula?
영수증 주세요.	أعطني الفاتورة.	A'ttiniil-fatuura

시장 및 쇼핑

시장은 어디에 있나요?	أين السوق؟	Aynas-suuq?

면세점은 몇 층에 있습니까?	في أي طابق أجد السوق الحرة؟	Fi ayi ttaabiq ajidus-suuqal-hurra?
가장 인기 있는 건 어떤 것이에요?	ما أكثر شيء شهرة عندكم؟	Maa akthar shayi shuhra ‘aindakum?
저것 좀 보여주세요.	أرني ذلك من فضلك.	Arinii dhalika min fadlika
입어봐도 되나요?	هل يمكن أن أجرب هذا؟	Hal yumkinu an ujarriba hadha?
더 큰 것/더 작은 것으로 주세요.	أعطني مقاس أكبر / أصغر.	A‘ttinii maqaas akbar / asghar
이것은 얼마입니까?	بكم هذا؟	Bikam hadhaa?
(가격이) 비싸요.	السعر غال.	As-si‘ru ghaalin
(가격이) 싸요. / 적당해요.	السعر رخيص / معقول	As-si‘ru rakhiis / ma‘quul
깎아주세요	خصم من فضلك.	Khasm min fadlika
신용카드로 계산해도 되나요?	هل أستطيع دفع الحساب ببطاقة الائتمان؟	Hal astattii‘u daf‘ul-hisaab bibittaaqatil-itimaan?
일시불로/할부로 하겠습니다.	دفعة واحدة/بالتقسيط.	Duf‘a waahida / bit-taqsiitt
교환해 주세요.	بدّل لي هذا الشيء آخر من فضلك.	Baddil lii hadhas-shaia aakhar min fadlika
환불해 주세요.	أريد الإرجاع.	Uriidul-irjaa‘
이것은 싱싱한가요?	هل هذا طازج؟	Hal hadhaa ttaazij?
야채/과일 가게는 어디인가요?	أين قسم الخضر / الفواكه؟	Ayna qismul-khudar/fawaakih?

정육/생선 가게는 어디인가요?	أين قسم اللحوم؟	Ayna qismul-luhuum?
____앞에/왼쪽에/오른쪽에 있습니다.	هذا أمام/ عند يسار / عند يمين ______.	Hadhaa amaama / ‘ainda yasaar / ‘ainda yamiin _____
물은 어디에 있나요?	أين الماء؟	Ainal-maa?
입구/출구는 어디인가요?	أين المدخل/ المخرج؟	Ainal-madkhul / makhruj?

병원에서

무엇을 도와드릴까요?	أي خدمة؟	Ayya khidma?
어디가 아프세요?	ماذا عندك؟	Maadhaa ‘aindaka?
머리 / 배가 아파요.	عندي صداع. أشعر بألم في بطني.	‘Aindii sudaa‘u Ash‘uru bialam fii battnii
여기가 아파요.	عندي ألم هنا.	‘Aindii alam hunaa.
열 / 설사 / 구토가 있어요.	عندي حمى / إسهال / قيء.	‘Aindi hummaa/ishaal/qaiu
감기에 걸렸어요.	أصبتُ زكام.	Usibtu zukaam
코가 막혀요. / 콧물이 나요.	الأنف مسدود. ينزل مخاط مستمرا.	Al-anfu masduud Yanzilu mukhaatt mustamirran
언제부터 아팠나요?	منذ متى تشعر بألم؟	Mundhu mataa tash‘uru bi alam?
어제 / 아침 / 저녁부터요.	منذ أمس / صباح / مساء.	Mundhu amsi/ sabaah/ masaa

혈압을 재겠습니다.	أقيس ضغط.	Aqiisu daghtt
정기적으로 복용하는 약이 있나요?	هل عندك دواء تشرب بانتظام؟	Hal ‘aindaka dawaa tashrabu bintidhaam?
가렵습니다.	يحكني.	Yahikkunii
처방전을 써드리겠습니다.	أكتب لك وصفة العلاج.	Aktubu laka wasfatal-‘ilaaj
알레르기가 있나요?	هل عندك حساسية؟	Hal ‘aindaka hasaasiiya?
사흘치 약을 드리겠습니다.	أقدم لك دواء لثلاثة أيام.	Uqaddimu laka dawaa li thalaathat aiyaam
주사를 맞으세요.	خذ ابرة / حقنة.	Khudh ibra/ huqna
진단서와 영수증을 받고 싶어요.	أريد الشهادة الطبية والفاتورة.	Uriidus-shahaadat-ttibbiya wal-fatuura
하루에 세 번 드세요.	اشرب ثلاث مرات في اليوم.	Ishurab thalaatha marraat fil-yawm
아스피린 좀 주세요.	أعطني أسبيرين من فضلك.	A‘ttinii aspiriin min fadlika
여기 있어요.	ها هو.	Haa huwwa

교통 및 길 찾기

길을 잃어버렸어요.	لقد تهتُ.	laqad tuhtu.
여기가 어디인가요?	أين أنا الآن؟	Ayna anaa al-aana?
공중화장실은 어디에 있나요?	أين دورة المياه العامة؟	Ayna dawratul-miyaahil-‘aamma?

얼마나 걸려요?	كم يستغرق الوقت؟	Kam yastaghriqul-waqt?
15분 / 30분 / 1시간이 걸립니다.	يستغرق ربع الساعة / نصف الساعة / ساعة.	Yastaghriqu rub‘ saa‘a/nisf saa‘a/ saa‘a
좌회전/우회전 해 주세요.	اتجه الى اليسار / اليمين من فضلك.	Ittajih ilal-yasaar/ yamiin min fadlika
유턴 해 주세요.	التفف الى الاتجاه المعاكس من فضلك.	Iltafif ilaal-ittijaahil-mu‘aakis min fadlika
저도 잘 모릅니다.	لا أعرف أيضا.	Laa a’rif aydan
걸어서 갈 수 있나요?	هل يمكن أن أذهب مشيا؟	Hal yumkinu an adhhaba mashyan?
여기서 가깝습니까? / 멉니까?	هل قريب من / بعيد عن هنا؟	Hal qariibun min/ba‘iidun ‘an huna?
가장 빨리 가는 방법은 뭐예요?	ما أسرع الطريقة؟	Maa asra‘ut-ttariiqa?
직진하세요.	امش إلى الأمام.	Imshi ilal-amaam
약도를 그려주세요.	ارسم خريطة من فضلك.	Ursum khariitta min fadlika
___호텔로 가주세요.	خذني الى فندق ٠٠٠.	Khudhnii ilaa funduq 000
여기에 세워 주세요.	انزلني هنا.	Inzilnii hunaa
요금은 얼마에요?	كم الاجرة؟	Kamil-ujra?
잔돈 없으세요?	ألا يوجد باق؟	Alaa yuujadu baaqi?
차를 빌리고 싶어요.	أريد استئجار السيارة.	Uriidu istijar saiyaara
오토(자동 변속기)로 주세요.	أعطني بمغير السرعة الاوتوماتيكية.	A‘ttinii bimughaiyaril-sur‘al-utuumaatiikiiya
국제 운전 면허증이 있습니다.	عندي رخصة القيادة الدولية.	‘Aindi rukhsatul-qiyaadal-dawliya

무역 및 비즈니스

직원/부장/사장	موظف / مدير / رئيس	Muwaddhaf/ mudiir/ raiis
저는 자영업을 합니다.	أنا رجل الاعمال.	Anaa rajlul-a‘maal
명함을 주세요.	أعطني بطاقة أعمال.	A‘ttinii bittaaqat a‘maal
신제품을 보시겠습니까?	هل تريد أن تنظر الى المنتج الجديد؟	Hal turiidu an tandhuru ilaal-muntajil-jadiid?
이메일로 보내드리겠습니다.	سأرسل بايميل.	Saursilu bi imail
지급일이 언제인가요?	متى تاريخ الدفع؟	Mataa tariikhud-daf‘?
결제일은 20일입니다.	يوم للدفع هو العشرون.	Yawm lid-daf‘ huwa al-‘ishrun
지급 조건은 어떻게 되나요?	ما هي شروط الدفع؟	Maa hiya shuruuttud-daf‘?
가격은 협상 가능합니다.	السعر قابل التفاوض.	As-si‘r qaabil tafaawud
계약하겠습니다.	نأخذ عقد معكم.	Naukhudh aqd ma‘akum
저희와 거래해주셔서 감사합니다.	شكرا لتعامل معنا.	Shukran lita‘aamul ma‘anaa
결재해주세요.	قرر من فضلك.	Qarrir min fadlika
다시 확인해주세요.	اكد مرة اخرى من فضلك.	Akkid marra ukhra min fadlika

마감 시간까지 맞춰주세요.	انته بالضبط حتى الموعد.	Intah bid-dabtt hattaal-mau'id
서류를 팩스로 보내주세요.	ارسل المستندات بالفاكس.	Arsil al-mustandaat bil-faax
담당 부서를 알려주세요.	أي قسم مسؤول به؟	Aiyu qism masuul bihi?
물품은 선박으로 오나요?	هل البضائع سيرسل عبر السفن؟	Halil-badaai'u sayursalu 'abras-sufn?
대량 구매 시 10%할인하겠습니다.	اذا اشتريت كمية كبيرة فننخفض بنسبة عشرة بالمائة.	Idha ishtarayta kammiya kabira fanankhafidu binisbati ashara bil-mia
최고주문은 ___개까지입니다.	اكبر طلب هو حتى ٠٠٠.	Akbaru ttalab huwa hattaa 000
오시기 전에 전화주세요.	اتصل بنا قبل زيارة.	Ittasil binaa qabla ziyaara

경찰서에서 (위급상황)

경찰을 불러주세요.	اتصل بالشرطة.	Ittasil bis-shurtta
구급차를 불러주세요.	اطلبوا اسعاف	Uttlubuu is'aaf
위험합니다.	هذا خطير.	Hadhaa khattiir
조심하세요.	انتبه!	Intabih!
교통사고가 났습니다.	حادث المرور.	Haadithul-muruur
경찰서 번호는 무엇입니까?	ما هو رقم هاتف مركز الشرطة؟	Maa huwa raqm haatif markazit-shurtta

제 여권을 분실했습니다.	لقد فقدت جواز السفر.	Laqad faqadtu jawaazat-safari
지갑/가방을 분실했습니다.	لقد فقدت محفظة / حقيبة.	Laqad faqadtu mahfadha/ haqiiba
한국 대사관이 어디에 있습니까?	أين سفارة كورية؟	Ayna sifaara kuuriiya?
이곳에 분실물 보관소가 있습니까?	هل يوجد مكتب المفقودات هنا؟	Hal yuujadu maktabul-mafquudaat hunaa?
없어진 것이 있나요?	هل هناك شيء مفقود؟	Hal hunaaka shai mafquud
도둑이야!	لص / حرامي!	Liss/ haraamii!
살려주세요.	انقذوني!	Anqidhuunii!
도와주세요.	ساعدوني!	Saa'iduunii!
신용카드를 정지해 주세요.	اوقف بطاقة الائتمان من فضلك.	Awqif bittaqatal-itimaan min fadlika
사고 신고서를 작성해 주세요.	اكتب نموذج الابلاغ.	Uktub namuudhajal-iblaagh
한국 대사관으로 연락해 주세요.	اتصل بسفارة كورية.	Ittasil bi sifaara kuuriya
기억이 안 나요.	لا أتذكر.	Laa atadhakkaru
불이 났어요.	اندلع حريق!	Indala'a hariiq!
충돌 사고를 당했어요.	تعرضت حادث تصادم.	Ta'arradtu haadithu tasaadum

숫자와 시간

1	واحد	Waahid	30	ثلاثون	Thalaathuun
2	اثنان	Ithnaan	40	اربعون	Arba‘uun
3	ثلاثة	Thalaatha	50	خمسون	Khamsuun
4	اربعة	Arba‘a	60	ستون	Sittuun
5	خمسة	Khamsa	70	سبعون	Sab‘uun
6	ستة	Sitta	80	ثمانون	Thamaanuun
7	سبعة	Sab‘a	90	تسعون	Tis‘uun
8	ثمانية	Thamaaniya	100	مائة	Miat
9	تسعة	Tis‘a	1000	الف	Alf
10	عشرة	‘Ashara	10.000	عشرة الاف	‘Asharat alaaf
11	احد عشر	Ahada ‘ashara	100,000	مائة الف	Miat alf
12	اثنا عشر	Ithnaa ‘ashara	1,000.000	مليون	Miliyuun
13	ثلاثة عشر	Thalaathat ‘ashara	아침	صباحا	Sabaahan
14.	اربعة عشر	Arba‘at ‘ashara	오후	بعد الظهر	Baudat-dhuhr
15	خمسة عشر	Khamsat ‘ashara	저녁	مساء	Masaan
16	ستة عشر	Sittat ‘ashara	어제	امس	Amsi
17	سبعة عشر	Sab‘at ‘ashara	오늘	اليوم	Al-yawma
18	ثمانية عشر	Thamaaniyat ‘ashara	내일	غدا	Ghadan
19	تسعة عشر	Tis‘at ashara	한 시	الساعة الواحدة	As-saa‘al-waahida
20	عشرون	‘ishuruun	10 시	الساعة العاشرة	As-saa‘al-‘aashira

상황별 회화

이란어

인사표현

안녕하세요	سلام.	Salam
어떻게 지내세요?	حال شما چطور است?	Hale shoma chetor ast?
잘 지냅니다. 감사합니다!	خوبم . مرسیِ.	Khubam. Mersi.
좋은 아침입니다.	صبح بخير.	Sobh bekhir.
좋은 저녁입니다.	شب بخير.	Shab bekhir.
어서 오세요.	خوش آمديد.	Khosh amadid.
또 만납시다.	دوباره همديگر ببينيم.	Dobare hamdigar bebinim.
좋은 날 보내세요.	خوش بگذره.	Khosh begzare.
축하합니다.	مبـارک.	Mobarak.
좋은 여행이 되기를 바랍니다.	سفر خوبی داشته باشيد.	Safare khubi dashte bashid.
감사합니다.	تشكر ميكنم.	Tashakor mikonam.
천만에요	خواهش ميكنم.	Khahesh mikonam.
실례합니다.	ببخشيد.	Bebakhshid.
미안합니다.	ببخشيد.	Bebakhshid.
괜찮습니다	مشكلی نيست.	Moshkeli nist.

당신의 이름은 무엇입니까?	اسم شما چیست؟	Esme shoma chist?
제 이름은 000 입니다.	اسم من --- است.	Esme man --- ast.
만나서 반갑습니다.	خوشبختم.	Khosh bakhtam.
한국에서 왔습니다.	من از کره آمدم.	Man az kore amadam.
영어를 할 수 있습니까?	می توانید انگلیسی صحبت کنید؟	Mi tavanid inglisi sohbat konid?
여행을 하고 있습니다.	من اکنون سفر میکنم.	Man aknun safar mikonam.

기내 및 공항에서

핸드폰을 꺼 주세요.	لطفا تلفن همراه را خاموش کنید.	Lotfan telephone hamrah ra khamush konid.
안전벨트 착용해주세요.	لطفا کمربند ایمنی خود را محکم ببندید.	Lotfan kamarbande imanie khod ra mokam bebandid.
앉아 주세요.	لطفا بنشینید.	Lotfan beshinid.
물 주세요.	لطفا آب.	Lotfan ub.
여권을 보여 주세요.	لطفا گذرنامه خود را به من نشان بده.	Lotfan gozarname khod ra be man neshan bede.
방문 목적이 무엇입니까?	هدف از بازدید چیست؟	Hadaf az bazdid chist?
여행하러 왔습니다.	من برای سفر به اینجا آمدم.	Man baraye safar be inja amadam.

000에 얼마나 머물 겁니까?	چند روز به اینجا میباشید؟	Chand ruz be inja mibashid?
일주일 간 머물 겁니다.	یک هفته به اینجا میباشم.	Yek hafte be inja mibasham.
세관에 신고하실 물건이 있습니까?	ایا شما اموال شخصی دارید؟	Aya shoma amwale shakhsi darid?
네, 있습니다. / 아니오, 없습니다.	بله. دارم. / نه. ندارم.	Bale. Daram. / Na. Nadaram.
실례지만, 분실물 보관소가 어디 있습니까?	ببخشید، دفتر مدارک و اشیا گم شده کجاست؟	Bebakhshid, daftare madarak va eshiya gom shode kojast?
제 가방이 도착하지 않았습니다.	کیف من تا هنوز نرسیده.	Kife man ta hanuz nareside.
버스/지하철을 어디에서 탑니까?	کجا می توانم اتوبوس / مترو را سوار شوم؟	Koja mitavanam autobus / metro ra savar shavam?
택시 타는 곳은 어디에 있습니까?	ایستگاه تاکسی کجاست؟	Istghahe taksi kojast?
어디로 가십니까?	کجا میخواهید بروید؟	Koja mikhahid beravid?
000로 갑니다.	میخواهم به -----.	Mikhaham be ----.
이 주소로 가려고 합니다.	میخواهم به این ادرس بروم.	Mikhaham be in address beravam.
티켓이 얼마입니까?	بلیط چقدر میشود؟	Belit cheghadr mishe?
화장실은 어디입니까?	توالت کجاست؟	Tuwalet kojast?

호텔에서

방이 있습니까?	اتاق دارید؟	Otagh darid?
싱글룸/더블룸을 원합니다.	اتاق یک نفر می خواهم. اتاق دو نفر می خواهم.	Otaghe yek nafar mi khaham. Otaghe do nafar mi khaham.
하룻밤에 얼마입니까?	شبی چقدر است؟	Shabi cheghadr ast?
가격에 아침 식사가 포함됩니까?	صبحانه مشمول قیمت گنجانده شده است؟	Sobhane mashmul gheimat ganjande shode ast?
방 번호가 무엇입니까?	شماره اتاق چیست؟	Shomare otagh chist?
방을 볼 수 있습니까?	میتوانم اتاق ببینم؟	Mitavanam otagh bebinam?
아침 6시에 모닝콜 부탁합니다.	لطفا برخیزید و تلفن بزنید ساعت شش .	Lotfan barkhizid va telefon bezanid saate shish.
언제 아침식사를 합니까?	صبحانه چی وقت است؟	Sobhane chi vaght ast?
몇 시에 방을 비워야 합니까?	کی اتاق را خالی کنم؟	Kei othagh ra khali konam?
엘리베이터는 어디에 있습니까?	آسانسور کجاست ؟	Asansoor kojast?
식사를 방으로 주문해도 됩니까?	میتوانم به اتاقم غذا را سفارش دهم؟	Mitavanam be otagham gaza ra sefarash daham?
세탁 서비스가 있습니까?	آیا خدمات پاکسازی دارید؟	Aya khedmate paksazi darid?
여기에 수건이 없습니다.	در اینجا حوله وجود ندارد.	Dar inja hole vuzud nadarad.

에어컨이 작동하지 않습니다.	ایرکندیشن کار نمی کند.	Air condishan kar nemikonad.
방이 너무 시끄럽습니다.	اتاق خیلی پر سر و صدا است.	Otagh kheili por sar va seda ast.
방을 바꿀 수 있습니까?	می توانم اتاق را عوض کنم؟	Mitavanam otagh ra avaz konam?
오늘 떠납니다/내일 떠납니다.	امروز از اینجا حرکت میکنم. فردا از اینجا حرکت میکنم.	Emruz az inja harkat mikonam. Farda az inja harkat mikonam.
계산서를 받을 수 있습니까?	آیا میتوان صورت حساب را دریافت کنم؟	Aya mitavanam surate hesab ra daryaft konam?
신용카드로 지불해도 됩니까?	آیا میتوانم با کارت اعتباری پرداخت کنم؟	Aya mitavanam ba kart etebary pardakht konam?
택시를 불러주실 수 있습니까?	آیا میتوانید به تکسی زنگ بزنید؟	Aya mitavanid be taksi zang bezanid?

은행 및 환전

환전소가 어디입니까?	صرافی کجاست؟	Sarrafi arz kojast?
환전할 수 있습니까?	می توانم تبادل پول؟	Mitavanam tabdel pul?
언제 은행이 문을 엽니까?	چی وقت بانک باز میشود؟	Chi vaght bank baz mishe?
언제 은행이 문을 닫습니까?	چی وقت بانک بسته میشود؟	Chi vaght bank baste mishe?
달러를 이집트 파운드로 환전하고 싶습니다.	من میخواهم دالر را به پوند مصر تبادله کنم.	Man mikhaham dolar ra be pounde mesri tabdel konam.

이 수표를 현금으로 바꿀 수 있습니까?	آیا میتوانم چک را به پول نقد تبدیل کنم؟	Aya mitavanam check ra be pule naghd tabdil konam?
오늘 달러 환율이 얼마입니까?	نرخ ارز امروز چند است؟	Narkhe arz emruz chand ast?
1달러에 5이집트 파운드입니다.	برای یک دلارپنج پوند مصر.	Baraye yek dolar panj pounde mesri.
100이집트 파운드 지폐로 원합니다.	من میخواهم اسکناس ۱۰۰ پوند مصر بگیرم.	Man mikhaham eskenase sad pounde mesri begiram.
현금 인출기가 어디에 있습니까?	ATM کجاست؟	ATM kojast?
은행 계좌를 개설하고 싶습니다.	من میخواهم حساب بانکی باز کنم.	Man mikhaham hesabe banki baz konam.
제 계좌의 잔액이 얼마인지 알 수 있을까요?	آیا میتوانم حساب بانکی ام را ببینم؟	Aya mitavanam hesabe bankiyam ra bebinam?
입금이 되었는지 확인하고자 합니다.	من میخواهم ببینم که سپرده بانکی برایم رسیده یا خیر.	Man mikhaham bebinam ke seporde banki barayam reside ya kheir.
기다리세요.	لطفا صبر کنید.	Lotfan sabr konid.
수수료를 얼마 지불해야 합니까?	چقدر است کمیشن؟	Cheghadr ast kamishon?
수표를 입금하려고 합니다.	من میخواهم چک بگذارم	Man mikhaham chik begozaram.
돈을 출금하려고 합니다.	من میخواهم پول را بکشم.	Man mikhaham pul ra bekesham.
돈을 송금하려고 합니다.	من میخواهم پولم را بفرستم.	Man mikhaham pulam ra beferestam.

신용카드를 신청하려고 합니다.	من درخواست کارت اعتباری میدهم.	Man darkhast karte etebary midam.
여기 사인해 주십시오.	لطفا اینجا امضا کنید.	Lotfan inja emzah konid.

식당에서

무엇을 드시고 싶습니까?	چی می خواهید بخورید؟	Chi mikhahid bokhorid?
우리는 아랍 음식을 먹고 싶습니다.	ما میخواهیم غذایی عربی بخوریم.	Ma mikhahim ghazaye Arabi bokhorim.
좋은 식당을 추천해 주실 수 있습니까?	میشه یک رستورانت خوب را معرفی کنید؟	Mishe yek restorane khub ra moarefi konid?
4인 테이블을 예약하고자 합니다.	میخواهم یک میز غذای خوری را برای چهار نفر رزرو کنم.	Mikhaham yek miz ghazaye khori ra baraye chahar nafar rezarv konam.
좌석을 예약했습니다.	صندلی را رزرو کردم.	Sandali ra rezarv kardam.
메뉴를 볼 수 있습니까?	میشه منو را ببینم.	Mishe menu ra bebinam.
무엇을 주문하시겠습니까?	چی میخواهید سفارش دهید؟	Chi mikhahid sefarash dahid?
무엇을 추천하십니까?	چی میخواهید پیشنهاد دهید.	Chi mikhahid pishnahad dahid?
같은 것을 원합니다.	من چیزی همان میخواهم.	Man chizi haman mikham.
무엇을 마시겠습니까?	چی میخواهید بنوشید؟	Chi mikhahid benushid?

맛있게 드세요.	نوش جان.	Nush jan.
웨이터!	آقا!!	Agha!! (웨이터를 부를때는 그냥 Mr!! 라고 부른다. 웨이터는 거의 남자임.)
후식이 있습니까?	آیا شما دسر داریر؟	Aya shoma dasr darid?
후식은 어떤 것들이 있습니까?	چی نوع نوشابه دارید ؟	Chen nohe nushebe dard?
정말 맛있습니다.	این خیلی خوشمزه است.	In kheili khoshmaze ast.
배가 부릅니다.	سیرم.	Siram.
제가 계산하겠습니다.	حسابش میکنم.	Hesabesh mikonam.
계산서 주세요.	حسابنامه لطفا.	Hesabname lotfan.
봉사료가 포함되어 있습니까?	ایا هزینه سرویس را هم شامل است؟	Aya hazineye servis ra ham shamel ast?
영수증 주세요.	رسید لطفا.	Resid lotfan.

시장 및 쇼핑

시장은 어디에 있나요?	بازار کجاست ؟	Bazar kojast?
면세점은 몇 층에 있습니까?	کدام طبقه فروشگاه اجناس بدون مالیات وجود دارد؟	Kodum tabaghe forushgah baraye ajans bedune meliyat vojud darad?
가장 인기 있는 건 어떤 것이에요?	کدام یک معروفترین است؟	Kodum yek maruftarin ast?

저것 좀 보여주세요.	لطفا اون را به من نشان بدهید.	Lotfan un ra be man neshan bedid.
입어봐도 되나요?	میتوانم بپوشم؟	Mitavanam bepusham?
더 큰 것/더 작은 것으로 주세요.	لطفا بزرگترش را بدهید. لطفا کوچکترش را بدهید.	Lotfan bozorgtaresh ra bedid. Lotfan kuchecktaresh ra bedid.
이것은 얼마입니까?	این چقدر است؟	In cheghadr ast?
(가격이) 비싸요.	گرونه.	Geruneh.
(가격이) 싸요. / 적당해요.	ارزونه.	Arjuneh.
깎아주세요	تخفیف بدید.	Takhfif bedid.
신용카드로 계산해도 되나요?	میتوانم با کارت اعتباری بپردازم؟	Mitavanam ba karte etebari bepardazam?
일시불로/할부로 하겠습니다.	میخواهم در یک قسمت بپردازم.	Mikhaham dar yek ghesmat bepardazam.
교환해 주세요.	لطفا عوض کنید.	Lotfan awaz konid.
환불해 주세요.	لطفا پول را برگردانید.	Lotfan pul ra bargardanid.
이것은 싱싱한가요?	تازه است؟	Taze ast?
야채/과일 가게는 어디인가요?	فروشگاه سبزی کجاست؟	Forushgahe sabzi kojast?
정육/생선 가게는 어디인가요?	فروشگاه ماهی / گوشت کجاست؟	Forushgahe mahi / gusht kojast?
___ 앞에/왼쪽에/오른쪽에 있습니다.	در بالا/ سمت چپ/ سمت راست	Dar bala / samte chap / samte rast

물은 어디에 있나요?	آب کجاست ؟	Ab kojast?
입구/출구는 어디인가요?	در خروجی / دخولی کجا است ؟	Dare khoruji / dakheli Koja ast?

병원에서

무엇을 도와드릴까요?	چی میتوانم برایتان انجام بدهم؟	Chi mitavanam barayetun anjam bedam?
어디가 아프세요?	چی مشکل دارید؟	Chi moshkel darid?
머리 / 배가 아파요.	سردرد دارم. / شکم درد دارم.	Sar dard daram. Shekam dard daram.
여기가 아파요.	همینجا درد دارم	Haminja dard daram.
열 / 설사 / 구토가 있어요.	تب دارم.	Tab daram.
감기에 걸렸어요.	سرما خوردگی دارم.	Sarma khordegi daram.
코가 막혀요. / 콧물이 나요.	ریزش بینی دارم.	Rizesh bini daram.
언제부터 아팠나요?	از کی درد دارید؟	Az kei dard darid?
어제 / 아침 / 저녁부터요.	از دیروز / از صبح / از شب.	Az diruz / az sobh / az shab.
혈압을 재겠습니다.	فشار خون را میبینم.	Feshare khun ra mibinam.
정기적으로 복용하는 약이 있나요?	آیا دوا دوامدار میخورید؟	Aya davaye davamadrak mikhorid?
가렵습니다.	خارش دارد.	khersh darad.

처방전을 써드리겠습니다.	من دارم نسخه نوشته میکنم.	Man daram naskhe neveshte mikonam.
알레르기가 있나요?	حساسیت دارید؟	Hesasiyat darid?
사흘치 약을 드리겠습니다.	برای چهار روز دوا برای تان میدهم.	Baraye chahar ruz dava barayetun midam.
주사를 맞으세요.	پیچکاری بگیرید.	Pichikari begirid
진단서와 영수증을 받고 싶어요.	لطفا تشخیص پزشکی و رسید برایم بدهید.	Lotfan tashkhise pezeshki va resid barayam bedid.
하루에 세 번 드세요.	لطفا سه وقت در یک روز بخورید.	Lotfan se vaght dar yek ruz bokhorid.
아스피린 좀 주세요.	لطفا برایم آسپرین بدهید.	Lotfan barayam espirin bedid.
여기 있어요.	بگیرید.	Begirid.

교통 및 길 찾기

길을 잃어버렸어요.	راهم را گم کردم!	Raham ra gom kardam.
여기가 어디인가요?	اینجا کجاست ؟	Inja kojast?
공중화장실은 어디에 있나요?	توالت عمومی کجاست ؟	Tuwalete omumi kojast?
얼마나 걸려요?	چقدر طول می کشد ؟	Cheghadr tul mikeshe?
15분 / 30분 / 1시간이 걸립니다.	پانزده دقیقه طول می کشد. سی دقیقه طول می کشد. یک ساعت طول می کشد.	Panjdah daghighe tul mikeshe. Si daghighe tul mikeshe. Yek saat tul mikeshe.

좌회전/우회전 해 주세요.	لطفا به سمت راست. لطفا به سمت چپ.	Lotfan be samte rast. Lotfan be samte chap.
유턴 해 주세요.	لطفا دور بخورید.	Lotfan dur bokhorid.
저도 잘 모릅니다.	من هم نمی دانم.	Man ham nemidanam.
걸어서 갈 수 있나요?	میتوانم پیاده بروم؟	Mitavanam piade beravam?
여기서 가깝습니까? / 멉니까?	نزدیکه از اینجا ؟ / دوره از اینجا ؟	Nazdike az inja?/dure az inja?
가장 빨리 가는 방법은 뭐예요?	کدام راه بهتر است برای زود رسیدن ؟	Kodam rahe behtar ast baraye zud residan?
직진하세요.	مستقیم بروید.	Mostagim beravid.
약도를 그려주세요.	لطفا یک نقشه ساده ترسیم کنید.	Lotfan yek naghsheye sade tarsim konid.
___호텔로 가주세요.	لطفا به هتل ------.	Lotfan be hotel ------.
여기에 세워 주세요.	اینجا پیاده میشم.	Inja piademisham.
요금은 얼마에요?	چقدر کرایه است ؟	Chegadr keraye ast?
잔돈 없으세요?	پول خرد ندارید ؟	Pule khurd nadarid?
차를 빌리고 싶어요.	میخواهم ماشین به قرض بگیرم	Mikhaham mashin be gharz begiram.
오토(자동 변속기)로 주세요.	لطفا به من یک ماشین خودکار بدهید.	Lotfan be man yek mashin khodkar bedid.
국제 운전 면허증이 있습니다.	من گواهینامه رانندگی بین المللی را دارم.	Man govahinameye ranandegi beinalmelali ra daram.

무역 및 비즈니스

직원/부장/사장	رئیس / مدیر / کارمند	karmand / modir / rais
저는 자영업을 합니다.	من تجارت شخصی دارم.	Man tejarate shakhsi daram.
명함을 주세요.	لطفا کارت کسب بدهید.	Lotfan karte kesab bedid.
신제품을 보시겠습니까?	میخواهید اجناس جدید را ببینید ؟	Mikhahid ajanse jadid ra bebinid?
이메일로 보내드리겠습니다.	با یمیل میفرستم.	Ba email miferesam.
지급일이 언제인가요?	تاریخ پرداخت کی است ؟	Tarikhe pardakht kei ast?
결제일은 20일입니다.	تاریخ پرداخت ۲۰ است.	Tarikhe pardakht 20 ast.
지급 조건은 어떻게 되나요?	شرایط پرداخت چی است؟	Sharite pardakht chi ast?
가격은 협상 가능합니다.	قیمت قابل چانه زنی است.	Gheimate ghabul chanezani ast.
계약하겠습니다.	من قرارداد می بستم.	Man gharardad mibastam.
저희와 거래해주셔서 감사합니다.	تشکر از قرارداد شما.	Tashakor az gharardade shoma.
결재해주세요.	لطفا حساب را تمام کنید.	Lotran hesab ra tamam konid.
다시 확인해주세요.	لطفا دوباره چک کنید.	Lotfan dobare check konid.

마감 시간까지 맞춰주세요.	لطفا در پایان تاریخ را نگاه دارید.	Lotfan dar payane tarik ra neghah darid..
서류를 팩스로 보내주세요.	لطفا به فکس بفرستید.	Lotfan be fax beferesid.
담당 부서를 알려주세요.	لطفا اداره مسوول را معرفی کنید.	Lotfan edareye masuul ra moarefikonid.
물품은 선박으로 오나요?	اجناس به کشتی انتقال می یابد.	Ajanse be kashiti enteghal miayad.
대량 구매 시 10%할인하겠습니다.	اگربخرید بمقدار زیادی ما میتوانیم به شما ده در صد تخفیف بدهیم.	Agar bekharid bemeghdare ziyadi ma mitavanim be shoma da dar sad takhfif bedim.
최고주문은 ___게 까지입니다.	تعداد سفارش حد اکثر ------- است.	Tedade sefarash hadaksar --- ast.
오시기 전에 전화주세요.	قبل از این که میرفتید برایم زنگ بزنید.	Ghabul az in ke miraftid barayam zang bezanid.

경찰서에서 (위급상황)

경찰을 불러주세요.	لطفا به پولیس تماس بگیرید	Lotfan be polis tamas begirid.
구급차를 불러주세요.	لطفا به امبولانس تماس بگیرید.	Lotfan be embulance tamas begirid.
위험합니다.	خطرناک است.	Khatarnak ast.
조심하세요.	مواظب باش!	Movazeb bashi!!
교통사고가 났습니다.	در اینجا حادثه ترافیکی رخ داده است.	Dar inja hadase terafiki rakh dade ast.

경찰서 번호는 무엇입니까?	شماره پولیس چیست؟	Shomare polis chist?
제 여권을 분실했습니다.	گذرنامه ام را گم کرده ام.	Gozarnameyam ra gom karde am.
지갑/가방을 분실했습니다.	کیف / کیف پول ام را گم کرده ام.	Kif / kife pulam ra gom kardam.
한국 대사관이 어디에 있습니까?	سفارت کره ای کجاست ؟	Sefarate korei kojast?
이곳에 분실물 보관소가 있습니까?	آیا در اینجا دفتر مدارک و اجناس یا اشیا گم شده وجود دارد؟	Aya dar inja daftare madarak va ajans ya eishia gom shode vuzud darad?
없어진 것이 있나요?	آیا در اینجا چیزی گم شده است؟	Aya inja chizi gom shode ast?
도둑이야!	دزد!!!	Dozd!!!!
살려주세요.	لطفا زندگی ام را نجات دهید.	Lotfan zendegiyam ra nejat dahid.
도와주세요.	کمک کنید.	Komak konid.
신용카드를 정지해 주세요.	لطفا حساب بانکی را بسته کنید.	Lotfan hesabe banki ra baste konid.
사고 신고서를 작성해 주세요.	لطفا برگه را پر کنید.	Lotfan barge ra por konid.
한국 대사관으로 연락해 주세요.	لطفا به سفارت کوره ای جنوبی تماس بگیرید.	Lotfan be sefarat kore junubi tamas begirid.
기억이 안 나요.	فراموش کردم.	Faramush kardam.
불이 났어요.	آتش!!	Atash!!
충돌 사고를 당했어요.	تصادف شود.	Tasadof shavad.

숫자와 시간

1	یک	Yek	30	سی	Si
2	دو	Do	40	چهل	Chehel
3	سه	Se	50	پنجاه	Panjah
4	چهار	Chahar	60	شصت	Shast
5	پنج	Panj	70	هفتاد	Haftad
6	شش	Shish	80	هشتاد	Hashtad
7	هفت	Haft	90	نود	Navad
8	هشت	Hasht	100	صد	Sad
9	نه	Noh	1000	یک هزار	yek hezar
10	ده	Dah	10.000	ده هزار	Dah hezar
11	یازده	Yazdah	100,000	صد هزار	Sad hezar
12	دوازده	Davazdah	1,000.000	یک میلیون	Yek meliyoon
13	سیزده	Sizdah	아침	صبح	Sobh
14.	چهارده	Chahardah	오후	بعد از ظهر	Bad az zohr
15	پانزده	Panzdah	저녁	شب	Shab
16	شانزده	Shanjdah	어제	دیروز	Diruz
17	هفده	Hevdah	오늘	امروز	Emruz
18	هجده	Hejdah	내일	فردا	Farda
19	نوزده	Nuzdah	한 시	ساعت یک	Saate yek
20	بیست	Bist	10 시	ساعت ده	Saate dah

상황별 회화

터키어

인사표현

안녕하세요	Merhaba.	merhaba
어떻게 지내세요?	Nasılsınız?	naɯlsɯnɯz
잘 지냅니다. 감사합니다!	İyiyim. Teşekkür ederim.	ijijm. teʃekkyr ederim
좋은 아침입니다.	Günaydın.	gynajdɯn
좋은 저녁입니다.	İyi akşamlar.	iji akʃamlaɾ
어서 오세요.	Hoş geldiniz.	hoʃ geldiniz
또 만납시다.	Görüşürüz.	gøryʃyryz
좋은 날 보내세요.	İyi günler.	iji gynler
축하합니다.	Tebrikler.	tebrikler
좋은 여행이 되기를 바랍니다.	İyi yolculuklar.	iji yoldʒuluklar
감사합니다.	Teşekkür ederim. Sağ olun.	teʃekkyr ederim saɰ olun
천만에요	Rica ederim.	ridʒa ederim
실례합니다.	Pardon.	pardon
미안합니다.	Özür dilerim.	øzyr dilerim
괜찮습니다	Bir şey değil.	biɾ ʃej de:il

당신의 이름은 무엇입니까?	Adınız nedir?	adɯnɯz nedir?
제 이름은 000 입니다.	Benim adım 000	benim adɯm 000
(만나서) 반갑습니다.	(Tanıştığımıza) memnun oldum.	(tanɯʃtɯ:mɯza) memnun oldum
한국에서 왔습니다.	Kore`den geldim.	koreden geldim
영어를 할 수 있습니까?	İngilizce biliyor musunuz?	ingilizdʒe biliyor musunuz?
여행을 하고 있습니다.	Yolculuktayım.	joldʒuluktajɯm

기내 및 공항에서

핸드폰을 꺼 주세요.	Cep telefonunuzu kapatınız..	dʒep telefonunuzu kapatɯnɯz
안전벨트 착용해주세요.	Emniyet kemerinizi takınız.	emnijet kemerinizi takɯnɯz
앉아 주세요.	Oturunuz.	oturunuz
물 주세요.	Bir bardak su veriniz.	bir bardak su veriniz
여권을 보여 주세요.	Pasaportunuzu gösteriniz.	pasaportunuzu gøsteriniz
방문 목적이 무엇입니까?	Ziyaret amacınız nedir?	zijaret amadʒɯnɯz nedir?
여행하러 왔습니다.	Turizm amacıyla geldim.	turizm amadʒɯjla geldim
000에 얼마나 머물 겁니까?	..... da/de ne kadar kalacaksınız?	.....da/de ne kadar kaladʒksɯnɯz?

일주일 간 머물 겁니다.	Bir hafta kalacağım.	biɾ hafta kaladʒɯɰm
세관에 신고하실 물건이 있습니까?	Gümrüğe tâbi eşyanız var mı?	gymryje tjabi eʃjanɯz ʋaɾ mɯ?
네, 있습니다. / 아니오, 없습니다.	Evet, var./ Hayır, yok.	eʋet, ʋaɾ/ hajyɯɾ, jog
실례지만, 분실물 보관소가 어디 있습니까?	Pardon, kayıp eşya bürosu nerede?	pardon, kajɯp eʃja byrosu nerede?
제 가방이 도착하지 않았습니다.	Valizim hâlâ gelmedi.	ʋalizim halja gelmedi
버스/지하철을 어디에서 탑니까?	Otobüsü/Metroyu nerede binebilirim?	otobysy/metroju nerede binebilirim?
택시 타는 곳은 어디에 있습니까?	Taksi durağı nerede?	taksi duraɯ nerede?
어디로 가십니까?	Nereye gidiyorsunuz?	nereye gidijorsunuz?
000로 갑니다.	...... e gidiyorum.	...e gidijorum
이 주소로 가려고 합니다.	Bu adrese gitmek istiyorum.	bu adrese gitmeg istijorum
티켓이 얼마입니까?	Bilet ne kadar?	bilet ne kadar?
화장실은 어디입니까?	Tuvalet nerede?	tuʋalet nerede?

호텔에서

방이 있습니까?	Boş bir oda var mı?	boʃ biɾ oda ʋaɾ mɯ?

싱글룸/더블룸을 원합니다.	Tek kişilik/İki kişilik oda istiyorum.	Tek kiʃilig/iki kiʃilig oda istijorum
하룻밤에 얼마입니까?	Bir geceliği ne kadar?	biɾ gedʒeliɰi ne kadaɾ?
가격에 아침 식사가 포함됩니까?	Fiyata kahvaltı dâhil mi?	fiyata kahʋaltɯ dahil mi?
방 번호가 무엇입니까?	Oda numarası kaç?	oda numarasɯ katʃ?
방을 볼 수 있습니까?	Odayı görebilir miyim?	odajɯ gøɾebiliɾ mijim?
아침 6시에 모닝콜 부탁합니다.	Lütfen sabah saat altıda beni uyandırınız.	lytfen sabah saat altɯda beni ujandɯɾɯnɯz
언제 아침식사를 합니까?	Kahvalıyı saat kaçta alabilirim?	kahvaltɯjɯ saat katʃta alabilirim?
몇 시에 방을 비워야 합니까?	Saat kaçta odadan çıkmam lâzım?	saat katʃta odadan tʃɯkmam ljazɯm?
엘리베이터는 어디에 있습니까?	Asansör nerede?	asansøɾ nerede?
식사를 방으로 주문해도 됩니까?	Odama yemeği sipariş söyleyebilir miyim?	odama jemeɰi sipariʃ søjlejebilir mijim?
세탁 서비스가 있습니까?	Çamaşır servis var mı?	tʃamaʃɯr serʋis ʋaɾ mɯ?
여기에 수건이 없습니다.	Burada havlu yok.	burada haʋlu jok
에어컨이 작동하지 않습니다.	Klima çalışmıyor.	klima tʃalʃmɯjoɾ
방이 너무 시끄럽습니다.	Oda çok gürültülü.	oda tʃok gyryltyly

방을 바꿀 수 있습니까?	Odayı değiştirebilir miyim?	odayɯ de:iʃtirebiliɾ mijim?
오늘 떠납니다/내일 떠납니다.	Bugün çıkıyorum./ Yarın çıkacağım.	bugyn tʃɯkɯyorum/ yarɯn tʃykadʒa:ɯm
계산서를 받을 수 있습니까?	Hasap alabilir miyim?	hesap alabilir miyim?
신용카드로 지불해도 됩니까?	Kredi kartı geçirir mi?	kredi kartɯ getʃiriɾ mi?
택시를 불러주실 수 있습니까?	Taksiyi çağırabilir misiniz?	taksiji tʃa:ɯrabiliɾ misiniz?

은행 및 환전

환전소가 어디입니까?	Döviz nerede?	døviz nerede?
환전할 수 있습니까?	Parayı çevirebilir miyim?	parayɯ tʃevirebiliɾ mijim?
언제 은행이 문을 엽니까?	Banka ne zaman açılır?	banka ne zaman atʃɯlɯɾ?
언제 은행이 문을 닫습니까?	Banka ne zaman kapanır?	banka ne zaman kapanɯɾ?
달러를 터키 리라로 환전하고 싶습니다.	Doları liraya çevirmek istiyorum.	dolarɯ liraya tʃeviremek istijorum
이 수표를 현금으로 바꿀 수 있습니까?	Bu çeki nakite çevirebilir miyim?	bu tʃeki nakide tʃevirebiliɾ mijim?
오늘 달러 환율이 얼마입니까?	Bugünkü doların kuru kaç lira?	bugynky dolarɯn kuru katʃ lira?

1달러에 2.62 리라 입니다.	Bir dolarda iki altımış iki lira.	bir dolarda iki altɯmɯʃ iki lira
100리라 지폐로 원합니다.	Yüz liralık banknot istiyorum.	jyz liralɯk banknot istijorum
현금 인출기가 어디에 있습니까?	ATM nerede?	ateme nerede?
은행 계좌를 개설하고 싶습니다.	Banka hesabı açmak istiyorum.	banka hesabɯ atʃmag istijorum
제 계좌의 잔액이 얼마인지 알 수 있을까요?	Hesabımda kaç para kaldı?	hesabɯmda katʃ para kaldɯ?
입금이 되었는지 확인하고자 합니다.	Hesabıma para gönderildiğini kontrol etmek istiyorum.	hesabɯma para gønderildi:ini kontrol etmeg istijorum
기다리세요.	Lütfen bekleyiniz.	lytfen beklejiniz
수수료를 얼마 지불해야 합니까?	Komisyonu ne kadar alıyorsunuz?	komisijonu ne kadar alɯjorsunuz?
수표를 입금하려고 합니다.	Çeki yatırmak istiyorum.	tʃeki yatɯrmag istijorum
돈을 출금하려고 합니다.	Parayı çekmek istiyorum.	parayɯ tʃekmeg istijorum
돈을 송금하려고 합니다.	Parayı havaleyle göndermek istiyorum.	parayɯ haʋalejle gøndermeg istijorum
신용카드를 신청하려고 합니다.	Kredi kartını başvurmak istiyorum.	kredi kartɯnɯ baʃʋurmag istijorum
여기 사인해 주십시오.	Buraya imzalayınız.	buraya imzalayɯnɯz

식당에서

무엇을 드시고 싶습니까?	Ne yemek istiyorsunuz?	ne jemek istijorsunuz?
우리는 터키 음식을 먹고 싶습니다.	Biz Türk yemeğini istiyoruz.	biz tyrk yeme:jni istijoruz
좋은 식당을 추천해 주실 수 있습니까?	İyi restoranı tavsiye edebilir misiniz?	iji restoranɯ taʋsije edebilir misiniz?
4인 테이블을 예약하고자 합니다.	Dört kişilik masayı rezervasyon yapmak istiyorum.	dørt kiʃilig masajɯ rezerʋasijon japmag istijorum
좌석을 예약했습니다.	Rezervasyon yaptım.	rezerʋasijon yaptɯm
메뉴를 볼 수 있습니까?	Menüyü görebilir miyim?	menyjy gørebilir miyim?
무엇을 주문하시겠습니까?	Ne sipariş edersiniz?	ne sipariʃ edersiniz?
무엇을 추천하십니까?	Neyi tavsiye edersiniz?	neji taʋsiye edersiniz?
같은 것을 원합니다.	Aynısını istiyorum.	ajnɯsɯnɯ istiyorum
무엇을 마시겠습니까?	Ne içersiniz?	ne itʃersiniz?
맛있게 드세요.	Afiyet olsun.	afijet olsun
웨이터!	Bakar mısınız?	bakar mɯsɯnɯz?
후식이 있습니까?	Tatlı var mı?	tatlɯ ʋar mɯ?
후식은 어떤 것들이 있습니까?	Hangi tatlı var?	hangi tatlɯ ʋar?

정말 맛있습니다.	Çok lezzetli.	tʃok lezzetli
배가 부릅니다.	Doydum.	doydum
제가 계산하겠습니다.	Ben ödeyim.	ben ødejim
계산서 주세요.	Hesap verin.	hesap ʋerin
봉사료가 포함되어 있습니까?	Servis dâhil mi?	serʋis dahil mi?
영수증 주세요.	Makbuzu verin.	makbuzu ʋerin

시장 및 쇼핑

시장은 어디에 있나요?	Çarşı nerede?	tʃarʃɯ nerede?
면세점은 몇 층에 있습니까?	Gümrüksüz satış mağazası kaçıncı katta?	gymrygsyz satɯʃ ma:zasɯ katʃɯndʒɯ katta?
가장 인기 있는 건 어떤 것이에요?	En çok satılan hangisi?	en tʃok satɯlan hangisi?
저것 좀 보여주세요.	Şunu gösterin.	ʃunu gøsterin
입어봐도 되나요?	Bunu deneyebilir miyim?	bunu denejebiliɾ miyim?
더 큰 것/더 작은 것으로 주세요.	Daha büyüğü/ küçüğü verin.	daha byjyɰy/kytʃyɰy ʋerin
이것은 얼마입니까?	Bu ne kadar?	bu ne kadar?
(가격이) 비싸요.	Pahalı.	pahalɯ

(가격이) 싸요. / 적당해요.	Ucuz. / Fiyatı uygun görünüyor.	udʒuz/ fiyatɯ ujgun gørynyjoɾ
깎아주세요	İndirim, lütfen.	indirim, lytfen
신용카드로 계산해도 되나요?	Kredi kartı geçirir mi?	kredi kartɯ getʃiriɾ mi?
일시불로/할부로 하겠습니다.	Defaten ödeme/Taksit istiyorum.	defaten ødeme/taksit istijorum
교환해 주세요.	Bunu değiştirebilir misiniz?	bunu de:iʃtirebiliɾ misiniz?
환불해 주세요.	Lütfen parayı geri verin.	lytfen parajɯ geri ʋerin
이것은 싱싱한가요?	Taze mi bu?	taze mi bu?
야채/과일 가게는 어디인가요?	Manav nerede?	manaʋ nerede?
정육/생선 가게는 어디인가요?	Kasap /Balıkçı nerede?	kasap/balɯktʃɯ nerede?
____ 앞에/왼쪽에/오른쪽에 있습니다.	....nın önünde/ sol tarafta/ sağ tarafta.	...... nɯn ønynde/ sol tarafta/ saɰ tarafta
물은 어디에 있나요?	Su nerede?	su nerede?
입구/출구는 어디인가요?	Giriş /Çıkış nerede?	giriʃ /tʃɯkɯʃ nerede?

병원에서

무엇을 도와드릴까요?	Nasıl yardım edebilirim?	nasɯl jardɯm edebilirim?
어디가 아프세요?	Nereniz ağrıyor?	nereniz aɰrɯjor?
머리 / 배가 아파요.	Başım/Midem ağrıyor.	baʃɯm/midem aɰrɯyoɾ
여기가 아파요.	Burası ağrıyor.	burasɯ aɰrɯyoɾ
열 / 설사 / 구토가 있어요.	Ateşim var./İshal oldum./ Kusma var.	ateʃim ʋaɾ / isxal oldum/ kusma ʋaɾ
감기에 걸렸어요.	Soğuk aldım.	so:uk aldɯm
코가 막혀요. / 콧물이 나요.	Burun tıkanıklığım var./ Burnum akıyor.	burun tɯkanɯklɯ:ɯm ʋaɾ/ burnum akɯjoɾ
언제부터 아팠나요?	Ne zamandan beri ağrıyorsunuz?	ne zamandan beri aɰrɯyorsunuz?
어제 / 아침 / 저녁부터요.	Dünden/Sabahtan/Akşam dan beri.	dynden/sabahtan/akʃamda n beri
혈압을 재겠습니다.	Tansiyonunuzu ölçeyim.	tansijonunuzu øltʃejim
정기적으로 복용하는 약이 있나요?	Düzenli olarak içtiğiniz ilaç var mı?	dyzenli olarak itʃti:iniz ilatʃ var mɯ?
가렵습니다.	Kaşıntım var.	kaʃɯntɯm ʋaɾ
처방전을 써드리겠습니다.	Reçeteyı vereyim.	retʃeteyɯ verejim
알레르기가 있나요?	Alerjiniz var mı?	alerʒiniz ʋaɾ mɯ?
사흘치 약을 드리겠습니다.	Üç günlük ilacı vereyim.	ytʃ gynlyk iladʒɯ verejim

주사를 맞으세요.	İğne alın.	iɰne alɯn
진단서와 영수증을 받고 싶어요.	Rapor ile fatura almak istiyorum.	rapor ile fatura almag istijorum
하루에 세 번 드세요.	Günde üç kere için.	gynde ytʃ kere itʃin
아스피린 좀 주세요.	Aspirin verin.	aspirin ʋerin
여기 있어요.	Burada.	burada

교통 및 길 찾기

길을 잃어버렸어요.	Yolumu kaybettim.	jolumu kajbettim
여기가 어디인가요?	Burası neresi?	burasɯ neresi?
공중화장실은 어디에 있나요?	Umumî tuvalet nerede?	umumji tuʋalet nerede?
얼마나 걸려요?	Ne kadar sürüyor?	ne kadar syryjor?
15분 / 30분 / 1시간이 걸립니다.	On beş dakika/ yarım saat/ bir saat sürüyor.	on beʃ dakika/ jarɯm saat /biɾ saat syryjor
좌회전/우회전 해 주세요.	Sola dönün./ Sağa dönün.	sola dønyn/saɰa dønyn
유턴 해 주세요.	U-dönüşü yapın.	U-dønyʃy japɯn
저도 잘 모릅니다.	Ben de iyi bilmiyorum.	ben de iji bilmijorum
걸어서 갈 수 있나요?	Yürüyerek gidebilir miyim?	jyryjerek gidebiliɾ mijim?
여기서 가깝습니까? / 멉니까?	Buradan yakın mı?/uzak mı?	buradan yakɯn mɯ?/uzak mɯ?

가장 빨리 가는 방법은 뭐예요?	En kısa yol hangisi?	en kɯsa jol hangisi?
직진하세요.	Doğru gidin.	doɰru gidin
약도를 그려주세요.	Haritayı çizin.	haritajɯ tʃizin
___호텔로 가주세요.	..... otele gidin.	..... otele gidin.
여기에 세워 주세요.	Burada durun.	burada durun
요금은 얼마에요?	Fiyatı ne kadar?	fiyatɯ ne kadaɾ?
잔돈 없으세요?	Bocuk yok mu sizde?	bodʒuk jog mu sizde?
차를 빌리고 싶어요.	Arabayı kiralamak istiyorum.	arabajɯ kiralamag istijorum
오토(자동 변속기)로 주세요.	Otomatik araba istiyorum.	otomatik araba istijorum
국제 운전 면허증이 있습니다.	Uluslararası ehliyetim var.	uluslararasɯ ehlijetim ʋaɾ.

무역 및 비즈니스

직원/부장/사장	Personel/Müdür/Patron	personel/mydyr/patron
저는 자영업을 합니다.	Ben kendi işimde çalışıyorum.	ben kendi iʃimde tʃalɯʃɯjorum
명함을 주세요.	Kartvizitinizi verin.	kartʋizitinizi ʋerin
신제품을 보시겠습니까?	Yeni ürünü görmek istiyor musunuz?	jeni yryny gørmeg istijor musunuz?

이메일로 보내드리겠습니다.	E-posta ile göndereceğim.	e-postajla gønderedʒe:im
지급일이 언제인가요?	Ödeme günü ne zaman?	ødeme gyny ne zaman?
결제일은 20일입니다.	Ödeme günü her ayın yirminci günüdür.	ødeme gyny her ayɯn yirmindʒi gynydyr
지급 조건은 어떻게 되나요?	Ödeme şartları nedir?	ødeme ʃartlarɯ nediɾ?
가격은 협상 가능합니다.	Fıyatı hakkında müzakere edebiliriz.	fiyatɯ hakkɯnda myzakere edebiliriz
계약하겠습니다.	Sözleşme yaparım.	søzleʃme japarɯm
저희와 거래해주셔서 감사합니다.	Bizimle işi görmeniz için teşekkür ederim.	bizimle iʃi gørmeniz itʃin teʃekkyr ederim
결재해주세요.	Onaylayın.	onajlajɯn
다시 확인해주세요.	Tekrar kontrol edin.	tekrar kontrol edin
마감 시간까지 맞춰주세요.	Bitiş saatine kadar işinizi halledin.	bitiʃ saatine kadaɾ iʃinizi halledin
서류를 팩스로 보내주세요.	Belgeyi faks ile gönderin.	belgeji faksyle gønderin
담당 부서를 알려주세요.	Görevli bölümü bildirin.	gørevli bølyme bildirin
물품은 선박으로 오나요?	Ürünler gemi ile mi gelir?	yrynler gemi ile mi gelir?
대량 구매 시 10%할인하겠습니다.	Büyük miktarda alırsanız yüzde on indirim verelim.	byjyk miktarda alɯrsanɯz jyzde on indirim ʋerelim

최고주문은 ___게 까지입니다.	Maksimum ... taneye kadar sipariş edebilirsiniz.	maksimum ... taneye kadar siparıʃ edebilirsiniz
오시기 전에 전화주세요.	Gelmeden önce telefon edin.	gelmeden ønce telefon edin

경찰서에서 (위급상황)

경찰을 불러주세요.	Polisi çağırın.	Polisi tʃaɰɯrɯn
구급차를 불러주세요.	Ambulansı çağırın.	ambulansɯ tʃaɰɯrɯn
위험합니다.	Tehlikeli.	Tehlikeli
조심하세요.	Dikkatli olun.	dikkatli olun
교통사고가 났습니다.	Trafik kazası çıktı.	trafik kazasɯ tʃɯktɯ
경찰서 번호는 무엇입니까?	Polisin numarası nedir?	Polisin numarasɯ nedir?
제 여권을 분실했습니다.	Pasaportumu kaybettim.	pasaportumu kajbettim
지갑/가방을 분실했습니다.	Cüzdanı /Çantayı kaybettim.	dʒyzdanɯ/tʃantajɯ kajbettim
한국 대사관이 어디에 있습니까?	Kore büyükelçiliği nerede?	kore byjykeltʃili:i nerede?
이곳에 분실물 보관소가 있습니까?	Burada kayıp eşya bürosu var mı?	burada kayɯp eʃya byrosu ʋaɾ mɯ?
없어진 것이 있나요?	Kaybeden eşyanız var mı?	kaybeden eʃjanɯz ʋaɾ mɯ?
도둑이야!	Hırsız!	hɯrsɯz

살려주세요.	İmdat!	imdat
도와주세요.	Yardım edin.	jardɯm edin
신용카드를 정지해 주세요.	Kredi kartını durdurun.	kredi kartɯnɯ durdurun
사고 신고서를 작성해 주세요.	Kaza raporunu yazın.	kaza raporunu jazɯn
한국 대사관으로 연락해 주세요.	Kore büyükelçiliği`ne haber verin.	kore byjykeltʃili:ne haber ʋerin
기억이 안 나요.	Hatırlayamıyorum.	hatɯrlajamɯjorum
불이 났어요.	Yangın çıktı.	yangɯn tʃɯktɯ
충돌 사고를 당했어요.	Çarpıldım.	tʃarpɯldɯm

숫자와 시간

1	Bir	biɾ	30	Otuz	otuz
2	İki	İki	40	Kırk	kɯrk
3	Üç	ytʃ	50	Elli	elli
4	Dört	dørt	60	Altmış	altmɯʃ
5	Beş	beʃ	70	Yetmiş	yetmiʃ
6	Altı	altɯ	80	Seksen	seksen
7	Yedi	yedi	90	Doksan	doksan
8	Sekiz	sekiz	100	Yüz	jyz
9	Dokuz	dokuz	1000	Bin	bin
10	On	on	10.000	On bin	on bin
11	On bir	on biɾ	100.000	Yüz bin	jyz bin
12	On iki	on iki	1.000.000	(bir) milyon	miljon
13	On üç	on ytʃ	아침	Sabah	sabah
14.	On dört	on dørt	오후	Öğleden sonra	øɰleden sonra
15	On beş	on beʃ	저녁	Akşam	akʃam
16	On altı	on altɯ	어제	Dün	dyn
17	On yedi	on yedi	오늘	Bugün	bugyn
18	On sekiz	on sekiz	내일	Yarın	yarɯn
19	On dokuz	on dokuz	한 시	Saat bir	saat bir
20	Yirmi	jirmi	10 시	Saat on	saat on

상황별 회화 히브리어

인사표현

안녕하세요	שלום!	Shalom!
어떻게 지내세요?	מה שלומך?	Ma Shelomekha?
잘 지냅니다. 감사합니다!	בסדר. המון תודה.	Besseder. Hamon Todah.
좋은 아침입니다.	בוקר טוב.	Boqer Tob.
좋은 저녁입니다.	לילה טוב.	Laila Tob.
어서 오세요.	ברוכים הבאים.	Barukhim Habaim.
또 만납시다.	להתראות.	Lehitraot.
좋은 날 보내세요.	יהיה לך יום טוב.	Yihiye Lekha Yom Tob.
축하합니다.	מזל טוב.	Mazal Tob.
좋은 여행이 되기를 바랍니다.	יהיה לך נסיעה טובה.	Yihiye Lekha Nessia Toba.
감사합니다.	תודה.	Toda.
천만에요	בבקשה.	Bebaqsha.
실례합니다.	סליחה.	Sselikha.
미안합니다.	מצטער.	Mitztaer.
괜찮습니다	בסדר.	Besseder.

당신의 이름은 무엇입니까?	מה השם שלך?	Ma Shem Shelakha?
제 이름은 000 입니다.	השם שלי ···	Hasem Sheli 000
만나서 반갑습니다.	אני שמח לפגוש אותך.	Ani Sameakha Lifgosh Otaakh.
한국에서 왔습니다.	אני מקוריאה.	Ani Miqorea.
영어를 할 수 있습니까?	אתה יכול לדבר באנגלית?	Ata Yakhol Ledaver Beangglit?
여행을 하고 있습니다.	אני נוסע עכשיו.	Ani Nossea Akhshav.

기내 및 공항에서

핸드폰을 꺼 주세요.	תכבה טלפונים סלולריים בבקשה.	Tikhba Telephonim Sselularim Bebaqsha.
안전벨트 착용해주세요.	תדקו חגורת בטיחות בבקשה	Tidqu Hagort Betihut Bebaqsha.
앉아 주세요.	נא לשבת	Na Lashebet.
물 주세요.	תתן לי מים בבקשה.	Titen Li Maim Bebaqsha.
여권을 보여 주세요.	דרכון בבקשה.	Darkon Bebaqsha.
방문 목적이 무엇입니까?	מה מטרתך של הביקור?	Ma Mataratekha Shel Habiqur?
여행하러 왔습니다.	אני בא כדי לנסוע.	Ani Ba Kedei Linssoa.

000에 얼마나 머물 겁니까?	כמה ימים אתה רוצה להישאר ב000?	Kama Yamim Ata Rotze Lehishaer Be000?
일주일 간 머물 겁니다.	אשאר שבוע אחד.	Ashar Shabua Ehad.
세관에 신고하실 물건이 있습니까?	יש לך משהו להצהיר מכס?	Yeshi Lekha Mashehu Lehatzhir Mekess?
네, 있습니다. / 아니오, 없습니다.	כן, יש לי / לא, אין לי.	Ken Yeshi Li / Lo, Eyin Li.
실례지만, 분실물 보관소가 어디 있습니까?	סליחה, איפה משרד איבד ומצא?	Sselikha, Eyifo Misrad Yibad Bematza?
제 가방이 도착하지 않았습니다.	התיק שלי לא הגיע.	Ha Tiq Sheli Lo Higia.
버스/지하철을 어디에서 탑니까?	איפה אני יכול לקחת /אוטובוס / רכבת תחתית.	Eyifo Ani Yakhol Laqakhat Outobus / Rakhebet Takhtit?
택시 타는 곳은 어디에 있습니까?	איפה אני יכול לקחת מונית?	Eyifo Ani Yakhol Laqahat Monit?
어디로 가십니까?	לאן אתה נוסע?	Lean Ata Nossea?
000로 갑니다.	אני נוסע ל000	Ani Nossea Le 000/
이 주소로 가려고 합니다.	אני רוצה להגיע לכתובת זו.	Ani Rotze Lehagia Leketobet Zo.
티켓이 얼마입니까?	כמה זה עולה הכרטיס?	Kama Ze Ole Hakartiss?
화장실은 어디입니까?	איפה שירותים.	Eifo Sherrtim?

호텔에서

방이 있습니까?	יש לך חדר פנוי?	Yeshi Lekha Heder Panuyi?
싱글룸/더블룸을 원합니다.	אני צריך מיטה יחיד / מיטה זוגית.	Ani Tzarik Mita Yahid / Mita Zugit.
하룻밤에 얼마입니까?	כמה זה עולה ללילה ?	Kama Ze Ole Lelaila?
가격에 아침 식사가 포함됩니까?	ארוחת הבוקר כלוללת במחיר?	Arukhat Haboqer Khelulalet Bamekhir?
방 번호가 무엇입니까?	מה מספר החדר?	Ma Misspar Hakheder?
방을 볼 수 있습니까?	אני יכול לראות חדר?	Ani Yakhol Lirot Kheder?
아침 6시에 모닝콜 부탁합니다.	שיחת בוקר בשעה שש בבקשה.	Sikhat Boqer Beshaa Sseshi Bebaqsha.
언제 아침식사를 합니까?	מתי ארוחת הבבוקר?	Matai Arukhat Haboqer?
몇 시에 방을 비워야 합니까?	באיזה שעה אני צריך לפנות את החדר?	Beeize Shaa Ani Tzarik Lefanot at Hakheder?
엘리베이터는 어디에 있습니까?	איפה המעלית?	Eifo Hamaalit?
식사를 방으로 주문해도 됩니까?	אפשר לי להזמין ארוחה לחדר?	Aefshar Li Lehazmin Arukha Lekheder?
세탁 서비스가 있습니까?	יש לך שירות כביסה?	Yeshi Lekha Sherut. Kebissa?
여기에 수건이 없습니다.	אין פה מגבת.	Ein Po Magebet.

에어컨이 작동하지 않습니다.	מיזוג אויר לא עובד.	Mizug Avir Lo Obed.
방이 너무 시끄럽습니다.	החדר רועש.	Hakheder Roesh.
방을 바꿀 수 있습니까?	אפשר לי להחליף את החדר?	Aefshar Li Lehakhlif Et Hakheder?
오늘 떠납니다/내일 떠납니다.	אני עוזב היום /אני אעזוב מחר.	Ani Ozebe Hayom / Ani Eezob Makhar.
계산서를 받을 수 있습니까?	אני יכול לקבל את החשבון?	Ani Yakhol Leqabel et Hakheshbon?
신용카드로 지불해도 됩니까?	אפשר לשלם בכרטיס אשראי?	Aefshar Leshalem Be Khartiss Ashrai?
택시를 불러주실 수 있습니까?	התקשר למונית בבקשה?	Hitqasher Lemonit Bebaqshah?

은행 및 환전

환전소가 어디입니까?	איפה משרד החליפין של הכסף?	Aeifo Misrad Hahalifin Shel Hakesef?
환전할 수 있습니까?	אני יכול להחליף כסף?	Ani Yakhol Lehakhlif Kesef?
언제 은행이 문을 엽니까?	מתי פתוח הבנק?	Matai Fatuakh Habanq?
언제 은행이 문을 닫습니까?	מתי סגור הבנק?	Matai Ssagur Habanq?
달러를 세켈로 환전하고 싶습니다.	אני רוצה להחליף דולר לשקל?	Ani Rotze Lehahlif Dolar LeSheqel.

이 수표를 현금으로 바꿀 수 있습니까?	אפשר לי להחליף את הצ'ק למזומנים?	Aefshar Li Lehakhlif et Hatze Lemezemanim?
오늘 달러 환율이 얼마입니까?	כמה עולה שער החליפין של דולר היום?	Kama Ole Shaar Hahlipin Shel Dolar Hayom?
1달러에 4세켈 30 아궂로트 입니다.	דולר אחד לארבע שקלים ושלושים אגרות.	Dolra Ehad Learbaa Shekelim u Shloshim Agurot.
100 세켈 지폐로 원합니다.	אני רוצה שטר של מאה שקלים.	Ani Rotze Shtar Shel Sheqelim.
현금 인출기가 어디에 있습니까?	איפה כספומט?	Aeifo Ksspomat?
은행 계좌를 개설하고 싶습니다.	אני רוצה לפתוח חשבון בנק.	Ani Rotze Liftoakh Kheshbon Bank?
제 계좌의 잔액이 얼마인지 알 수 있을까요?	אני יכול לדעת כמה כסף נמצא בחשבון הבנק שלי?	Ani Yakhol Ladaat Kama Kesef Nimtza Beheshbon Habank Sheli?
입금이 되었는지 확인하고자 합니다.	אני רוצה לבדוק אם הכסף כבר נשלח לחשבון שלי.	Ani Rotze Libdoq Im Hakesef Khbar Nishlakh Lekheshbon Sheli.
기다리세요.	חכה בבקשה.	Hakhe Bebaqsha?
수수료를 얼마 지불해야 합니까?	כמה זה העמלה?	Kama Ze Haamala?
수표를 입금하려고 합니다.	אני רוצה להפקיג צ'ק.	Ani Rotze Lehafqig Tzeq.
돈을 출금하려고 합니다.	אני רוצה למשוך את הכסף הבנק.	Ani Rotze Limshokh et Hakessef Habank.
돈을 송금하려고 합니다.	אני רוצה לשלוח את הכסף	Ani Rotze Lishloakh et Hakessef.

신용카드를 신청하려고 합니다.	אני רוצה לבקש כרטיס אשראי.	Ani Rotze Lebaqesh Kartiss Ashrai.
여기 사인해 주십시오.	תחתום פה בבקשה.	Takhtom Po Bebaqsha.

식당에서

무엇을 드시고 싶습니까?	מה אתה רוצה לאכול?	Ma Ata Rotze Leekhol?
우리는 이스라엘 음식을 먹고 싶습니다.	אנחנו רוצים לאכול אוכל ישראלי.	Anakhnu Rotzim Leekhol Okhel Israeli.
좋은 식당을 추천해 주실 수 있습니까?	אתה יכול להמליץ לי על מסעדה טובה?	Ata Yakhol Lehamlitz Li Al Missadah Toba?
4인 테이블을 예약하고자 합니다.	אני רוצה להזמין שולחן לארבעה.	Ani Rotze Lehazmin Shulkhan Learbaa.
좌석을 예약했습니다.	יש לנו הזמנה.	Yeshi Lanu Hazmana.
메뉴를 볼 수 있습니까?	אפשר לקבל תפריט?	Aefshar Leqabel Tafrit?
무엇을 주문하시겠습니까?	מה אתה רוצה להזמין?	Ma Ata Rotze Lehazmin?
무엇을 추천하십니까?	מה אתה רוצה להמליץ?	Ma Ata Rotze Lehamlitz?
같은 것을 원합니다.	אני רוצה אותו הדבר.	Ani Rotze Oto Hadabar.
무엇을 마시겠습니까?	מה אתה רוצה לשתות?	Ma Ata Rotze Lishtot?

맛있게 드세요.	בתאבון.	Beteabon.
웨이터!	מלצר.	Meltzar.
후식이 있습니까?	יש לך קינוח?	Yeshi Lekha Qinuakha?
후식은 어떤 것들이 있습니까?	איזה קינוח יש לך?	Aeize Qinuakha Yeshi Lekha?
정말 맛있습니다.	טעים מאוד.	Taim Meod.
배가 부릅니다.	אני מלא.	Ani Male.
제가 계산하겠습니다.	אני אשלם.	Ani Ashalem.
계산서 주세요.	חשבון בבקשה.	Heshibon.
봉사료가 포함되어 있습니까?	הטיפ כלול?	Hatip Khalul?
영수증 주세요.	תן לי קבלה בבקשה.	Ten Li Qabala Bebaqsha.

시장 및 쇼핑

시장은 어디에 있나요?	איפה שוק?	Aeifo Shuq?
면세점은 몇 층에 있습니까?	באיזה קומה יש חנות דיוטי פרי?	Beeize Qoma Yeshi Khanut Diuti Fri?
가장 인기 있는 건 어떤 것이에요?	מה פופולרי?	Ma Populari?
저것 좀 보여주세요.	תראה לי את זה בבקשה.	Tareh Li et Ze Bebaqhsha?

입어봐도 되나요?	אפשר לי ללבוש?	Aefshar Li Lilboshi?
더 큰 것/더 작은 것으로 주세요.	תן לי יותר קטן /יותר גדול.	Ten Li Yoter Katan / Yoter Gadol.
이것은 얼마입니까?	כמה זה עולה?	Kama Ze Oleh?
(가격이) 비싸요.	המחיר יקר.	Hamekhir Yaqar.
(가격이) 싸요. / 적당해요.	המחיר זול / טוב.	Hamekhir Zol / Tob.
깎아주세요	הנחה מחיר בבקשה	Hankhah Mekhir Bebaqsha.
신용카드로 계산해도 되나요?	אפשר לשלם בכרטיס האשראי?	Aefshar Leshalem Bekhartis Haashrai?
일시불로/할부로 하겠습니다.	אשלם בפעם אחד / בתשלומים.	Ashalem Bepaam Ahat / Betashlumim.
교환해 주세요.	תחליף בבקשה.	Tahlif Bebaqsha.
환불해 주세요.	תחזיר בבקשה	Takhazir Bebaqsha.
이것은 싱싱한가요?	זה טרי?	Ze Tari.
야채/과일 가게는 어디인가요?	איפה חנות ירקות / חנות פירות?	Aeipfo Hanut Yeraqot / Hanut Ferot?
정육/생선 가게는 어디인가요?	איפה חנות בשר / חנות דגים?	Aeifo Hanut Basar / Hanut Dagim?
___ 앞에/왼쪽에/오른쪽에 있습니다.	יש קדמי / בימין / בשמאל.	Yeshi Qadmi / Beyamin / Besmol.
물은 어디에 있나요?	איפה מים?	Aeifo Maim.

입구/출구는 어디인가요?	איפה הכניסה / היציאה?	Aeifo Hakhenissa / Hayetziah?

병원에서

무엇을 도와드릴까요?	מה אתה רוצה?	Ma Ata Rotze?
어디가 아프세요?	יש לך כאב ראש?	Yeshi Leha Keeb Roshi?
머리 / 배가 아파요.	יש לי כאב ראש / בטן.	Yesehi Li Keev Roshi / Beten.
여기가 아파요.	כואב לי פה.	Keev Li Po.
열 / 설사 / 구토가 있어요.	יש לי חום / שלשול / הקאה.	Yeshi Li Khom / Shilshul / Haqah.
감기에 걸렸어요.	יש לי שפעת.	Yeshi Li Shafaat.
코가 막혀요. / 콧물이 나요.	האף שלי עצור / האף שלי נזלת.	Haaf Sheli Atzur / Haaf Sheli Nazelet.
언제부터 아팠나요?	מתי הכאב מתחיל?	Matai Hakeeb Matkhil?
어제 / 아침 / 저녁부터요.	מאתמול / מהבוקר /מהלילה.	Mietmol / Mihaboqer / Mihalaila.
혈압을 재겠습니다.	אבדוק את לחץ הדם.	Ebdoq et Lakhatz Hadam.
정기적으로 복용하는 약이 있나요?	יש לך תרופות אתה לוקח בקביעות?	Yeshi Lekha Trufot Ata Loqeakha Beqbiut?
가렵습니다.	יש לי גירוד.	Yeshi Li Girud.

처방전을 써드리겠습니다.	אני נותן מרשם לך.	Ani Noten Mirsham Lekha.
알레르기가 있나요?	יש לך אלרגיות?	Yeshi Lekha Alergiyut?
사흘치 약을 드리겠습니다.	אני אתן לך תרופות לשלושה ימים.	Ani Eten Lekha Trufot Leshlosha Yamim.
주사를 맞으세요.	הקבל זריקה.	Hiqabel Zriqa.
진단서와 영수증을 받고 싶어요.	אני רוצה לקבל את הד"ח הרפואית והמרשם.	Ani Rotze Leqabel et Hadoak Harfuyit Behamirsham.
하루에 세 번 드세요.	קח שלוש פעמים ביום.	Qakh Shalosh Paamim Beyom.
아스피린 좀 주세요.	תן לי אספירין בבקשה.	Ten Li Assfirin Bebeqsha.
여기 있어요.	הנה בבקשה.	Hine Bebaqsha.

교통 및 길 찾기

길을 잃어버렸어요.	אני איבדתי את הדרך.	Ani Yibadti et Haderek.
여기가 어디인가요?	איפה זה?	Aeifo Ze?
공중화장실은 어디에 있나요?	איפה שירותים ציבורים?	Aeifo Shirutim Tzivurim?
얼마나 걸려요?	כמה זמן זה לוקח?	Kama Zman Ze Loqeakha?
15분 / 30분 / 1시간이 걸립니다.	חמישה עשר דקות / שלושים דקות / שעה אחת	Hamisha Eser Daqot / Shloshim Daqot / Sha Akhat.

좌회전/우회전 해 주세요.	פונה שמאלה / ימינה בבקשה.	Pone Smolah / Yaminah Bebaqsha.
유턴 해 주세요.	פניית פרסה בבקשה.	Fniyat Pirssa Bebaqsha.
저도 잘 모릅니다.	אין לי מושג.	Aein Li Musag.
걸어서 갈 수 있나요?	אפשר להגיע ברגל?	Efshar Lehagia Beregel.
여기서 가깝습니까? / 멉니까?	קרוב מכאן? / רחוק?	Qrob Mikan / Rahoq?
가장 빨리 가는 방법은 뭐예요?	מה היא הדרך המהירה להגיע לשם?	Ma Hi Haderekh Hamahira Lehagia Lesham?
직진하세요.	לך ישר.	Lekh Yashar.
약도를 그려주세요.	נא לשרטט מפה גסה בבקשה.	Na Leshartet Mafa Gassa Bebaqsha.
___호텔로 가주세요.	בואו נלך למלון---.בבקשה	Bo-u Nelekh Lemalon--- Bebaqsha..
여기에 세워 주세요.	עצור כאן.	Atzor Kan.
요금은 얼마에요?	כמה זה עולה?	Kama Ze Ole?
잔돈 없으세요?	אין לך כסף קטן?	Ein Lekha Kessef qatan?
차를 빌리고 싶어요.	אני רוצה לשכור מכונית.	Ani Rotze Lishkor Mkhonit.
오토(자동 변속기)로 주세요.	אני רוצה מכונית אוטומטית.	Ani Rotze Mekhonit Otomatit.
국제 운전 면허증이 있습니다.	יש לי רישיון נהיגה הבינלאומית.	Yeshi Li Lishaiyon Nehiga HaBeinleumi.

무역 및 비즈니스

직원/부장/사장	ישב ראש / מנהל / סגל	Yosheb Rosh / Menahel / Ssegal
저는 자영업을 합니다.	אני גרסה מלאה.	Ani Girssa Malea
명함을 주세요.	תן לי כרטיס ביקור בבקשה.	Ten Li Khartiss Biqur Bebaqsha.
신제품을 보시겠습니까?	אתה רוצה לראות מוצר חדש?	Ata Rotze Lirot Mutzar Hadash?
이메일로 보내드리겠습니다.	אשלח בדואר אלקטרוני.	Aeshlakh Bedoar Ilekqtroni.
지급일이 언제인가요?	מתי יום התשלום?	Matai Yom Hatashlum.
결제일은 20일입니다.	יום התשלום היא יום העשרים.	Yom Hatashlum Hi Yom Esrim.
지급 조건은 어떻게 되나요?	מה תנאי התשלום?	Ma Tenai Hatashlum?
가격은 협상 가능합니다.	המחיר הוא סחיר.	Hamekhir Hu Ssakhir.
계약하겠습니다.	אעשוה את החוזה.	Eashrhu et Hakhoze.
저희와 거래해주셔서 감사합니다.	תודה רבה לחוזתך.	Todah Raba Lekhozetekh.
결재해주세요.	תחתום בבקשה.	Takahtom Bebaqsha.
다시 확인해주세요.	תבדוק שוב בבקשה.	Tibdoq Shub Bebaqhsha.

마감 시간까지 맞춰주세요.	תעמוד בתאריך היגעה בבקשה.	Taamod Betarikh Hayagaa Bebaqhsha.
서류를 팩스로 보내주세요.	תשלוח את המסמר בפקס בבקשה.	Tishloakh et Hamissmar Befax Bebaqhsha.
담당 부서를 알려주세요.	תגיד לי את המחלקה בבקשה.	Tagid Li et Hamakhlaqah Bebaqsha.
물품은 선박으로 오나요?	יגיע הדבר בספינה?	Yagia Hadabar Bessefina?
대량 구매 시 10%할인하겠습니다.	אנחנו יכולים לתת לך הנחה של עשרה אחזים על סדר נפח.	Anakhnu Yakholim Latet Lekha Hanakha Shel Asara Akhuzim Al Sseder Nafha.
최고주문은 ___게 까지입니다.	הסדר הגדול ביותר מן ---	Hasseder Hagadol Beyoter Min____
오시기 전에 전화주세요.	תתקשר אליי לפני הביקור בבקשה.	Titqasher Elayi Lifnei Habiqur Bebaqhesha.

경찰서에서 (위급상황)

경찰을 불러주세요.	תתקשר למשטרה בבקשה.	Titqasher Lemishtara Bebaqsha.
구급차를 불러주세요.	תתקשר לאמבולנס בבקשה.	Titqasher Leambulance Bebaqsha.
위험합니다.	מסוכן.	Messukan.
조심하세요.	הזהר בבקשה.	Hizaher Bebaqesha.
교통사고가 났습니다.	יש לי תאונת דרכים.	Yeshi Li Teunat erakhim.

경찰서 번호는 무엇입니까?	מה מספר הטלפון של המשטרה?	Ma Missfar Hatelepon Shel Hamishtara?
제 여권을 분실했습니다.	איבדתי את הדרכון שלי.	Yibadti et Hadarkon Sheli.
지갑/가방을 분실했습니다.	איבדתי את הארנק / התיק.	Yibadti et Haarnaq / Hatiq.
한국 대사관이 어디에 있습니까?	איפה השגרירות הקוראנית?	Eifo Hashagrirut HaQoreani?
이곳에 분실물 보관소가 있습니까?	יש פה משרד איבד ומצא?	Yeshi Po Misrad Yibed Bematza?
없어진 것이 있나요?	יש לך משהו שחסר?	Yeshi Lekha Mashehu Shehasser?
도둑이야!	גנב!	Ganab!
살려주세요.	תצילו אותי בבקשה.	Tatzilu Oti Bebaqhsha.
도와주세요.	תעזרו לי בבקשה.	Taazeru Li Bebaqhsha.
신용카드를 정지해 주세요.	תפסיק את הכרטיס האשראי בבקשה.	Tafssiq et Hakhartiss Haashrai Bebaqhesha.
사고 신고서를 작성해 주세요.	מלא את דוח התאונה בבקשה.	Maleet Dokh Hateuna Bebaqhsha.
한국 대사관으로 연락해 주세요.	תתקשר להשגרירות הקוראנית בבקשה.	Titqasher Leshagrirut HaQoreanit Bebaqhsha.
기억이 안 나요.	אין לי זיכרון.	Ein Li Zikaron.
불이 났어요.	אש פרצה.	Aeshi Fartza.
충돌 사고를 당했어요.	יש לי תאונה דרכים.	Yeshi Li Teuna Derakhim.

숫자와 시간

1	אחד	Ehad	30	שלושים	Shiloshim
2	שנים	Shinaim	40	ארבעים	Arbaim
3	שלושה	Shilosha	50	חמישים	Hamishim
4	ארבעה	Arbaa	60	שישים	Shishim
5	חמשה	Hamisha	70	שבעים	Shivyim
6	שישה	Shisha	80	שמונים	Shimonim
7	שבעה	Shivaa	90	תשעים	Tishyim
8	שמונה	Shimona	100	מאה	Mea
9	תשעה	Tishaa	1000	אלף	Elef
10	עשרה	Aashar	10.000	עשרת אלפים	Asherat Alafim
11	אחד עשר	Ahad Asar	100,000	מאה אלפים	Meaa Alafim
12	שנים עשר	Shinaim Asar	1,000.000	מיליון	Milion
13	שלושה עשר	Shilosha Asar	아침	בוקר	Boqer
14.	ארבעה עשר	Arbaa Asar	오후	אחרי הצהריים	Akharei Hatzohoraim
15	חמשה עשר	Hamisha Asar	저녁	ערב	Erev
16	שישה עשר	Shisha Asar	어제	אתמול	Etmol
17	שבעה עשר	Shivaa Asar	오늘	היום	Hayom
18	שמונה עשר	Shimona Asar	내일	מחר	Makhar
19	תשעה עשר	Ti shaa Asar	한 시	שעה אחת	Shaa Ahat
20	עשרים	Esrim	10 시	שעה עשר	Shaa Eser

서정민 교수의

중동 비즈니스 및 여행 길라잡이

초판 인쇄 2015년 5월 4일
초판 발행 2015년 5월 11일

지은이 서정민
발행인 김인철
발행처 한국외국어대학교 지식출판원
130-791 서울특별시 동대문구 이문로 107
전화 02)2173-2495~7
팩스 02)2173-3363
홈페이지 http://press.hufs.ac.kr
전자우편 press@hufs.ac.kr
출판등록 제6-6호(1969. 4. 30)
디자인 · 편집 디자인 퍼브 02)2254-4308
인쇄 · 제본 성전기획 031)955-8826

ISBN 978-89-7464-997-5 03980 정가 13,000원

*잘못된 책은 교환하여 드립니다.

HU:iNE 은 한국외국어대학교 지식출판원의 어학도서, 사회과학도서, 지역학 도서 Sub Brand이다. 한국외대의 영문명인 HUFS, 현명한 국제전문가 양성(International+Intelligent)의 의미를 담고 있으며, 휴인(携引)의 뜻인 '이끌다, 끌고 나가다'라는 의미처럼 출판계를 이끄는 리더로서, 혁신의 이미지를 담고 있다.